21世纪高等学校 高校系列
经济管理类规划教材

赵曙明 赵宜萱 ◎ 主编

人力资源管理理论、方法、工具、实务系列教材

招聘、甄选与录用
——理论、方法、工具、实务
Theories, Methods, Tools, Practices

微课版 第2版

ECONOMICS
AND
MANAGEMENT

人民邮电出版社
北京

图书在版编目（CIP）数据

招聘、甄选与录用：理论、方法、工具、实务：微课版 / 赵曙明，赵宜萱主编. -- 2版. -- 北京：人民邮电出版社，2019.6（2023.1重印）
21世纪高等学校经济管理类规划教材. 高校系列
ISBN 978-7-115-49655-3

Ⅰ. ①招… Ⅱ. ①赵… ②赵… Ⅲ. ①人才－招聘－高等学校－教材 Ⅳ. ①C913.2

中国版本图书馆CIP数据核字（2018）第234861号

内 容 提 要

本书共 10 章，具体包括招聘、甄选与录用管理概述，员工招聘的前期工作，招聘计划的制订，招聘广告的撰写，招聘渠道选择，招聘简历和人才储备库的管理，笔试与心理测验，面试与评价中心技术，录用、入职与试用期管理，招聘评估与总结。

本书可作为大学本科、高职高专院校人力资源管理专业的教材，同时也适合企业经营管理者、人力资源管理人员、咨询师、培训师阅读和使用。

◆ 主　　编　赵曙明　赵宜萱
　　责任编辑　孙燕燕
　　责任印制　焦志炜

◆ 人民邮电出版社出版发行　　北京市丰台区成寿寺路 11 号
　　邮编　100164　电子邮件　315@ptpress.com.cn
　　网址　http://www.ptpress.com.cn
　　北京捷迅佳彩印刷有限公司印刷

◆ 开本：787×1092　1/16
　　印张：11.25　　　　　　　　2019 年 6 月第 2 版
　　字数：247 千字　　　　　　2023 年 1 月北京第 7 次印刷

定价：42.00 元

读者服务热线：(010)81055256　印装质量热线：(010)81055316
反盗版热线：(010)81055315
广告经营许可证：京东市监广登字 20170147 号

总 序 Preface

全面数字化的世界正在改变着人们的生活和工作方式，同时深刻影响着企业的运营方式。这些改变促使企业的人力资源管理模式发生相应改变。这就要求我们面对新形势，站在新高度，确立新思维，加强对人力资源管理新的理论知识的学习和研究，特别是要重视对人力资源管理方法和工具的掌握与运用，以适应新形势下企业竞争和发展的需要。

人民邮电出版社出版的"人力资源管理理论、方法、工具、实务"系列教材，在系统阐述人力资源管理理论的基础上，围绕招聘、甄选与录用，绩效管理，薪酬管理，人员培训与开发和人才测评五大业务职能，按照"专业理论系统化，操作方法简便化，操作工具灵活化，管理实务精细化"的编写思路进行编写，既突出了人力资源管理理论的系统性，又强化了人力资源管理方法和工具的运用，增强了可操作性和应用性。

本系列教材现已编写，出版6本，包括《人力资源管理——理论、方法、工具、实务（微课版 第2版）》《招聘、甄选与录用——理论、方法、工具、实务（微课版 第2版）》《人员培训与开发——理论、方法、工具、实务（微课版 第2版）》《绩效考核与管理——理论、方法、工具、实务（微课版 第2版）》《薪酬管理——理论、方法、工具、实务（微课版 第2版）》《人才测评——理论、方法、工具、实务（微课版 第 2 版）》，其内容涵盖了人力资源管理理论与方法的方方面面。

《人力资源管理——理论、方法、工具、实务（微课版 第2版）》一书，系统介绍了人力资源管理的核心概念、基本原理、技术方法和管理实践中的重点、难点，既引进了国外先进的人力资源管理理念和知识体系，又总结了我国企业人力资源管理的实践经验和经典案例，非常贴近现阶段我国企业人力资源管理的实际。

招聘、甄选与录用是人力资源管理链条中的第一个环节，是人员入口关的把控环节。在《招聘、甄选与录用——理论、方法、工具、实务（微课版 第2版）》一书中，既有对招聘规划准备、甄选技术、录用评估等若干具体招聘环节的详细阐述，又有关于公职人员招聘与录用技能训练的案例，以帮助人力资源管理人员科学鉴别、选择和录用适合企业发展需要、有发展潜质的人才。

企业通过培训向员工传授与工作相关的知识和技能，通过发掘员工的潜能以提高其终身就业能力。《人员培训与开发——理论、方法、工具、实务（微课版 第 2 版）》围绕需求分析、计划、运营、评估等主题，详细阐述了需求调查、课程设计、培训外包等方面的内容，以实现企业和员工的共同发展。

绩效管理是把企业内的组织管理与成员管理高效结合起来的一种考核体系，是企业人力资源管理中的一项重要职能。在《绩效考核与管理——理论、方法、工具、实务（微课版 第 2 版）》一书中，既有绩效考核的目标、指标、方法、制度的设定以及绩效与薪酬等各个细节的阐述，又提供了各岗位和业务人员绩效考核实务操作演练方面的案例，避免了人力资源管理人员孤立、片面、静止地看待绩效管理而使企业绩效管理陷入机械、僵化的陷阱的风险。

薪酬管理是企业激励机制的核心，是企业吸引和保留人才的重要支撑。在《薪酬管理——理论、方法、工具、实务（微课版 第 2 版）》一书中，既详述了薪酬管理的基础及前提工作中工作分析、评价、诊断、调查等各方面的细节，又提供了包括制度体系在内的七大薪酬福利设计方法等，以帮助人力资源管理人员有效解决在企业薪酬管理中遇到的困惑。

在人力资源管理工作中，找到合适的人才并达到"人事相宜、岗职相配"是十分重要的。《人才测评——理论、方法、工具、实务（微课版 第 2 版）》一书以人才测评指标标准的建立和体系设计为基础，运用科学的工具和方法对人才进行测评，指导人力资源管理人员对人员素质做出准确的评价和预测，让优秀人才、合格人才、合适人才为企业所用。

总之，这套"人力资源管理理论、方法、工具、实务"系列教材，通过对人力资源，管理，招聘、甄选与录用，人员培训与开发，绩效管理，薪酬管理和人才测评等进行的介绍，可以为读者从事人力资源管理工作提供全方位的指导。

南京大学商学院名誉院长、资深教授、博士生导师

赵曙明　博士

2018 年 7 月 1 日于韩国 SolBridge 国际商学院

前 言 Foreword

人是整合所有组织、技术、财务等资源并确保管理过程顺畅和高效运转的核心与关键。企业核心竞争力的大小，越来越多地依赖于人力资源的数量、质量、层次、结构及配置效率。在日益激烈的市场竞争环境中，企业需要把好人才进出的第一关，吸引、选拔和录用一批"合适的人"变得至关重要。

那么，企业如何通过招聘吸引人才？如何运用各种有效方法选拔人才？如何进行招聘、甄选与录用评估来降低风险？招聘管理的方法、工具如何选择、如何运用才能体现适用性、实用性并降低招聘成本？对这些问题的回答，正是编者编写本书的出发点和落脚点。

本书主要有以下4个特点。

（1）理论体系：用知识导图形式展现每章的知识结构。本书每章开篇均以特色设计的树状知识导图展现该章的主题内容，使整章的内容逻辑更为清晰，使读者能够直观地把握整章的知识框架。

（2）方法工具：操作简便，拿来即用。一般来说，方法和工具都是从工作经验中通过抽象和升华提炼出来的，是达成工作目标的手段与行为方式。本书中提供的招聘、甄选与录用的方法和工具，既有理论模型和业务流程，也有实施步骤和操作技巧，方便读者"拿来即用"。

（3）实务内容：本书不仅提供了招聘管理工作中的实用技巧、解决方案，另在每章后面设计了实践性极强的"技能实训"栏目，供读者进行演练，从而为其搭建一座理论与实践紧密相连的桥梁，以指导读者能够更规范、更高效地完成相关工作。

（4）体例编排：做到了实用性和创新性的有机结合。本书体例编排新颖且贴近教学："微课"为教师提供了丰富的教学资源；"微课堂"便于师生在课堂上的互动交流，更有助于加强读者对知识点的掌握；"复习与思考"意在对一个阶段所学知识进行概括和总结，起到对已学知识巩固、加深的目的。此外，人力资源管理者除了需要掌握必要的知识技能外，还需要了解人力资源管理领域的前沿动态。对此，本书设置了"知识链接"栏目，便于扩大读者的专业视野。

赵曙明教授和赵宜萱博士担任这套人力资源管理系列教材的主编，本书是系列教材的中的一本。在本书编写过程中，编者参阅了国内多位专家、学者关于人力资源管理的著作或译著，也参考了同行的相关教材和案例资料，在此向他们表示崇高的敬意和衷心的感谢。

编　者

2018 年 12 月

目 录 Contents

招聘、甄选与录用管理概述 | 第1章

【本章知识导图】

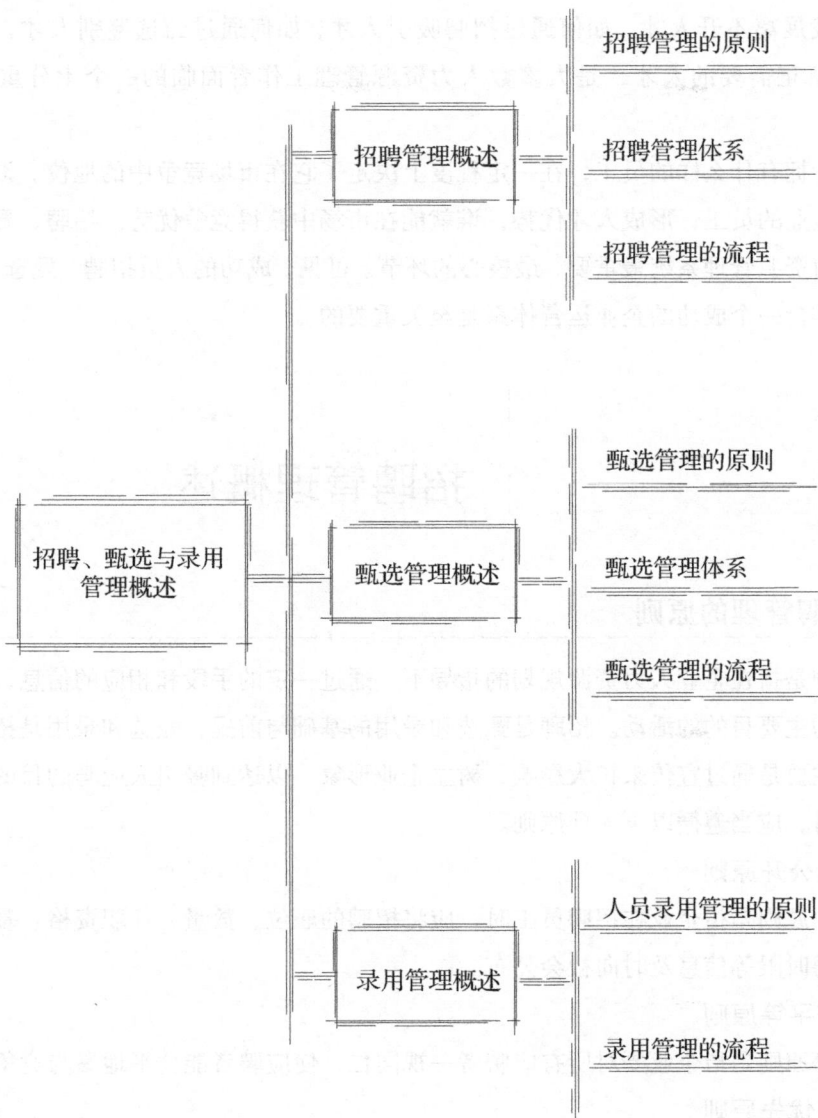

```
                                              ┌─ 招聘管理的原则
                                              │
                             ┌─ 招聘管理概述 ─┼─ 招聘管理体系
                             │                │
                             │                └─ 招聘管理的流程
                             │
                             │                ┌─ 甄选管理的原则
                             │                │
招聘、甄选与录用 ───────────┼─ 甄选管理概述 ─┼─ 甄选管理体系
管理概述                     │                │
                             │                └─ 甄选管理的流程
                             │
                             │                ┌─ 人员录用管理的原则
                             │                │
                             └─ 录用管理概述 ─┤
                                              │
                                              └─ 录用管理的流程
```

【学习目标】

职业知识	• 了解招聘与甄选管理的原则 • 了解人员录用的原则
职业能力	依据企业实际，制订清晰的招聘管理流程
职业素质	具备较强的沟通能力、理解力和分析能力

企业的发展离不开人才。如何通过招聘吸引人才，如何通过甄选鉴别人才，如何通过录用配置企业真正需要的人才，是大多数人力资源管理工作者面临的一个十分重要而现实的问题。

一个企业拥有什么样的员工，在一定程度上决定了它在市场竞争中的地位。谁能率先招聘到适合自己企业的员工，形成人才优势，谁就能在市场中获得竞争优势。招聘、甄选与录用工作是现代人力资源管理系统最重要、最核心的环节。可见，成功的人员招聘、甄选与录用管理，对于构建和维持一个成功的企业运营体系是至关重要的。

1.1 招聘管理概述

1.1.1 招聘管理的原则

招聘管理是指在企业人力资源规划的指导下，通过一定的手段和相应的信息，以识别和吸引潜在员工为主要目的的活动。招聘是甄选和录用的基础与前提，甄选和录用是招聘的目的和结果。招聘主要是通过宣传来扩大影响、树立企业形象，以达到吸引人应聘的目的。企业在实施招聘管理时，应当遵循以下4项原则。

1. 信息公开原则

信息公开原则是指企业在招聘员工时，应将招聘的职位、数量、任职资格、基本待遇、考核方法、招聘时限等信息及时向社会公布。

2. 公正平等原则

公正平等原则是指企业要对所有应聘者一视同仁，使应聘者能公平地参与竞争。

3. 效率优先原则

效率优先原则是指企业应根据不同的招聘要求灵活地选择适当的招聘形式，用尽可能低的招聘成本吸引更多高素质员工。

4. 双向选择原则

双向选择原则是指企业在招聘时和应聘者在应聘过程中，双方根据自己的需要进行双向选择。

1.1.2 招聘管理体系

由于不同企业的战略不同，它们可能对招聘赋予不同的重要程度。但是一般来讲，所有企业都要具备详细的招聘管理制度、岗位说明书体系、招聘计划等，以保证招聘的有效性和可操作性。

1. 招聘管理制度

招聘管理制度是招聘工作计划、执行及目标实现的重要保证。它包括招聘计划的制订程序、招聘过程中各事项执行的依据及标准、招聘管理原则等。招聘管理制度的建设是招聘管理体系标准化的重要前提。

2. 岗位说明书体系的建设

企业应该建立完善的岗位说明书体系，因为岗位说明书是招聘工作的重要参考依据。岗位说明书是在岗位信息收集、比较、分类的基础上进行编写的，是岗位分析的关键环节。

（1）岗位说明书的内容。岗位说明书是岗位分析人员根据某项职务的物质和环境特点，对岗位任职人员的资格能力、责任权限及工作标准的详细说明。岗位说明书由岗位描述和岗位规范两大部分组成，具体如表 1-1 所示。

表 1-1　　　　　　　　　　　　　岗位说明书的内容说明

内容框架	具体内容说明
岗位描述	（1）岗位基本信息，即对职位的名称、编号、职务所属部门、编写日期等内容进行说明
	（2）工作概述，又称工作综述，用于描述工作的整体性质
	（3）岗位职责和权限，即该岗位的责任和权利，权责要对应
	（4）工作关系，包括沟通关系、上下级之间的关系、部门协调关系等
	（5）工作设备及其他，包括工作所需要的设备、辅助设备和其他支持条件
	（6）岗位环境，包括正常的温度、适当的光照度、通风设备、安全措施等
岗位规范	从事该岗位工作所应该具备的学历、知识、技能、能力、体格和个性特征等要求，以及工作的流程、标准等内容

（2）岗位说明书的编写规范。

① 岗位名称和上、下级关系。明确岗位名称和本岗位的上、下级关系，岗位名称要与前一部分"岗位设置"中的名称一致。每个岗位只能有一个直接上级，不能有多个直接上级，但可以有多个下级。员工能够分辨出哪些是直接领导，哪些是间接领导，以及他们的岗位级别。

② 任职资格与条件。每个岗位均要由学历、经验、专业知识、业务了解范围等方面来确定本岗位的任职资格与条件，同时要界定招聘时优先考虑的某些特殊情况。

③ 岗位目的。在编制岗位说明书时，要将设置这个岗位的主要目的以及这个岗位在整个企业运行中所起的作用阐述清楚，同时填写在"岗位目的"栏中。

④ 企业内外部沟通关系。在岗位说明书中，要明确本岗位在企业内外部的沟通关系。在企业内部，要明确它与内部的哪些岗位、哪些部门具有沟通关系。在企业外部，要明确它与社会

上的哪些单位（如相关政府部门，上、下游或关联企业，客户企业，社会团体，学术单位等）具有沟通关系。

⑤ 责任范围。每个岗位的责任范围应根据本岗位所在的部门或单位的职能分解来确定。一个部门经理通常要对本部门的全部职能负责，而其下属可能只对本部门的某几项职能负责。通常，我们认为部门经理级的责任范围应有8～12项，而单个职员的责任范围应有4～8项。

⑥ 责任程度。每个岗位的责任程度分为全部责任、部分责任和支持责任3种。全部责任是指本岗位要对该项任务负所有责任。部分责任是指本岗位要对该项任务负一部分责任。支持责任是指本岗位要对该项任务负支持或保障的责任。在同一级别的职员中，对某项工作负全责的只能有一个人，负部分责任和支持责任的可以有多个人。

⑦ 建议考核内容。在岗位说明书中，除要明确本岗位的责任范围和责任程度外，还要明确某一项责任的建议考核内容。针对某项责任的考核内容一般规定2～3项，而且应尽量选择较容易量化的指标。例如，完成工作量、完成时间等。

（3）岗位说明书编写中需要注意以下问题。

① 注意岗位描述和组织结构设计、职能分解、岗位设置的一致性和衔接性。岗位描述和组织结构设计、职能分解、岗位设置是人力资源管理的几个密切相关的环节。要注意这几项工作的一致性和衔接性，具体内容如图1-1所示。

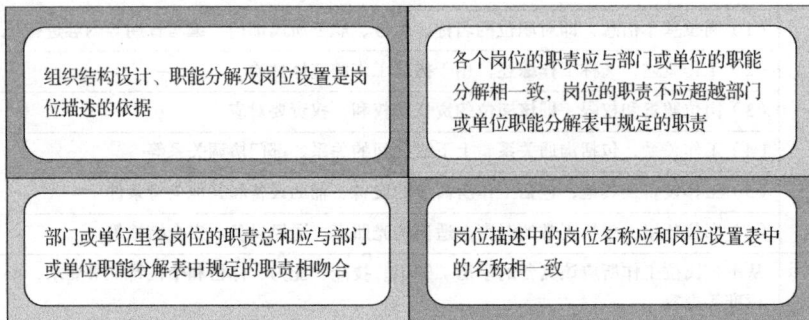

组织结构设计、职能分解及岗位设置是岗位描述的依据	各个岗位的职责应与部门或单位的职能分解相一致，岗位的职责不应超越部门或单位职能分解表中规定的职责
部门或单位里各岗位的职责总和应与部门或单位职能分解表中规定的职责相吻合	岗位描述中的岗位名称应和岗位设置表中的名称相一致

图1-1 岗位描述和组织结构设计、职能分解、岗位设置一致性和衔接性的表现

② 任职条件中的学历、经验等要适度掌握。任职条件中的学历、经验等要根据企业规模、岗位需求进行适度掌握，不可过于苛求。某企业相关岗位的学历与经验示例表如表1-2所示。

表1-2 　　　　　　　　　　　　某企业相关岗位的学历与经验示例表

岗位	学历	经验
高层管理者	大本以上、硕士优先	8年或10年以上
中层管理者	大本以上	3年或5年以上
基层管理者	大专以上	2年以上
一般职员或员工	中专以上	—

③ 职责划分要清晰。编制岗位说明书时，要将每个岗位的职责划分清晰，各个岗位间的职责既不能重叠，也不能留有空白。

3．招聘计划

一般来说，一份完整的招聘计划应包括以下 11 项内容。

（1）明确人力资源需求，确定招聘的岗位、人员需求量、岗位的性质及要求等。

（2）招聘小组人员名单，包括小组人员的姓名、职务和职责分工。

（3）应聘者的考核方案，包括考核的场所、时间、题目等。

（4）招聘时限，指整个招聘工作的起止时间。

（5）新员工的上岗时间。

（6）详尽的招聘工作推进时间表，以便与相关负责人配合。

（7）招聘的成本。招聘成本的计算可用下列公式来计算：

> 单位招聘成本=招聘总费用÷雇用人数

其中，招聘总费用主要包括人事费用、业务费用和一般开支。

人事费用——招聘工作人员的薪资、福利、差旅费、生活费补助和加班费等。

业务费用——通信费（电话、传真、邮资、上网费）、专业咨询与服务费、广告费、体检费、信息服务费（企业宣传资料等）和物资用品费等。

一般开支——设备租用费、办公室用具和水电及物业管理费等。

（8）招聘广告。招聘广告包括企业的基本情况，拟招聘岗位，应聘者的基本条件，企业的联系方式，应聘地点和时间，应聘时需携带的证件、材料及其他注意事项。

（9）确定招聘渠道。要明确招聘对象是通过内部招聘还是外部招聘来获得，然后要考虑招聘范围、招聘的渠道和方法。

（10）确定招聘实施部门与招聘小组人员名单。一般情况下，招聘实施部门包括人力资源部门和用人部门。由于招聘人员素质的高低不仅直接关系到招聘的效果，还会影响企业的形象和声誉，因而要特别注意挑选和培训招聘人员。

（11）对应聘者的分析。主要是在各招聘岗位素质评分标准的基础上，对应聘者的教育经历、培训经历、工作经历、性格特征等方面的分析。

除了上述项目外，招聘管理体系还应包括招聘规划、环境分析及招聘执行管理等。

1.1.3 招聘管理的流程

招聘管理一般要经过人力资源计划、岗位说明书、招聘计划（时间、岗位、人数、任职资格）、招聘准备（了解市场、发布信息、接受申请）、选拔（初步筛选、笔试、面试、其他测试）、录用（做出决策、发出通知）、评价（程序、技能、效率）等流程。

在上述程序中，人力资源计划和岗位说明书是招聘的依据，人力资源计划决定了招聘的时间、人数和岗位等，岗位说明书则明确了对招聘人员的要求。根据人力资源计划和岗位说明书，就可制订具体的招聘计划，从而指导招聘工作。

【微课堂】

1. 招聘管理体系包括哪些方面的内容？
2. 招聘管理的流程包括哪些关键的环节？

1.2 甄选管理概述

1.2.1 甄选管理的原则

甄选是使用各种测评技术与选拔方法，挑选合格员工的过程。企业在进行人员甄选时，需把握以下 3 个原则。

1. 因事择人原则

所谓因事择人，即员工的选聘应以实际工作的需要和岗位的空缺情况为出发点，根据岗位对任职者的资格要求选用人员。

2. 用人所长原则

用人所长原则即要求企业根据岗位需要和个人专长，将挑选出的合适的人放到合适的位置上，实现用人所长。

3. 竞争择优原则

竞争择优原则是指在员工招聘中引入竞争机制，在对应聘者的素质、品质、业务能力等方面进行全面考查的基础上，按照考查的成绩择优选拔录用员工。

1.2.2 甄选管理体系

1. 确定用人标准

对于一个企业来说，制定明确的用人标准很重要。只有有明确的用人标准，企业在招聘时才知道依据何种标准来选才。

甄选开展过程中必须避免歧视，如年龄歧视、身高歧视等。此外，招聘人员还必须尊重应聘者的隐私权，确保对其个人信息的保密。企业在开展背景调查之前，需征得应聘者的同意。如果以背景调查为基础做出了不利的决定，还应当通知应聘者。

2. 甄选工具匹配

明确不同的岗位采取哪种甄选方式，如笔试题目或面试问题等。

3. 甄选流程的设置

不同岗位的甄选流程是怎样进行的，需要安排哪些人主导人员甄选工作的实施。

1.2.3 甄选管理的流程

人员甄选是指从应聘者中选拔出企业所需人员的过程，包括资格审查、背景调查、初选、面试、其他测试、体检、个人资料核实等一系列活动的过程。由于这一工作阶段将直接关系到岗位最终候选人的质量，因此人员甄选是招聘过程中最关键的一步，也是技术性最强、难度最大的一步。

从企业选拔应聘者的全过程来看，人员甄选可分为3个阶段：第一阶段是初步挑选，即粗选；第二阶段是深度筛选，即细选；第三阶段是最终甄别，即精选，从而最终保障企业人才甄选的质量。

如果从人员甄选的具体内容和方法上看，其主要步骤包括简历筛选、招聘申请表筛选、笔试、面试、情景模拟测试、心理测试、背景调查与体检等内容。

【微课堂】

1. 甄选管理体系包括哪些方面的内容？
2. 甄选管理的流程包括哪些关键的环节？

1.3

录用管理概述

1.3.1 人员录用管理的原则

录用管理是指对录取、任用人员的引进、安置、培训、考核、评估、正式录用等工作的过程管理。

一般来说，员工的岗位均是按照招聘的要求和应聘者的应聘意愿来安排的。为了实现用人之所长、学用一致、有效利用人力资源的目的，人员录用必须遵循以下原则。

1．任人唯贤原则

任人唯贤，强调用人要"出于公心，以事业为重"，而不是"以自己的小圈子为重"，只有这样，才能做到"大贤大用，小贤小用，不贤不用"。

2．用人不疑原则

这个原则要求管理者对员工要给予充分的信任。既然要用，就一定要明确授权，放手大胆使用，使员工充分发挥才干。

3．严爱相济原则

在试用期间，管理者必须为员工制定工作标准和绩效目标，对其进行必要的考核，考核可以从能力、工作成绩、行为模式及行为模式的改进等方面进行。管理者应在生活上对试用的员工给予更多的关怀，尽可能帮助员工解决后顾之忧；在工作上要指导和帮助员工取得进步，用情感吸引他们留在企业中。

1.3.2　录用管理的流程

经过对应聘者的笔试、面试等层层选拔工作，企业对应聘者有了一个大致的了解，进而可做出相应的决策。

员工录用一般要经过以下 6 个环节：入职背景调查、发出录用通知、录用面谈、办理入职手续、新员工试用与考核、新员工转正管理。

【微课堂】

> 1. 人员录用管理有哪些原则？
> 2. 录用管理的流程包括哪些关键的环节？

复习与思考

1. 简述招聘对企业的重要性与必要性。
2. 招聘计划主要包括哪些内容？
3. 录用管理的定义是什么？
4. 员工录用体系包含哪些方面的内容？

知识链接

微软的用人标准（部分）

微软制定了一套清晰的用人标准，下文是其中的部分内容。

1. 足够的聪明才智，是否有足够的创造力和再学习能力。
2. 足够的热情和激情，能够热爱工作并积极地投入到工作中去。
3. 良好的团队合作精神。

第2章

员工招聘的前期工作

【本章知识导图】

```
                                                    ┌─── 影响招聘的政策因素
                                                    │
                                                    ├─── 影响招聘的供给因素
                                                    │
                          ┌── 招聘影响因素 ─────────┼─── 影响招聘的竞争因素
                          │    的分析               │
                          │                         ├─── 影响招聘的地域因素
                          │                         │
                          │                         └─── 影响招聘的自身因素
                          │
                          │                         ┌─── 战略性招聘管理
  员工招聘的前期工作 ──────┼── 招聘规划管理 ─────────┤
                          │                         └─── 人员供需分析
                          │
                          │                         ┌─── 岗位分析的内容
                          │                         │
                          │                         ├─── 岗位分析的作用
                          └── 岗位分析 ─────────────┤
                                                    ├─── 岗位分析的流程
                                                    │
                                                    └─── 岗位分析的方法
```

【学习目标】

职业知识	• 了解影响企业招聘的内外部因素 • 掌握人力资源需求与供给预测的方法 • 掌握岗位分析的方法和程序
职业能力	• 选择合理的方法与工具，对企业人力资源需求与供给进行科学的预测 • 能够有效实施岗位分析，并据此编制出完善的岗位说明书
职业素质	具备较强的文字表达能力、理解力和分析能力

2.1

招聘影响因素的分析

招聘分析包含对外部因素的分析以及招聘单位自身因素的分析。外部因素分析又包含对政策因素、供给因素、竞争因素、地域因素等因素的分析。

招聘目标的
影响因素

2.1.1　影响招聘的政策因素

在分析招聘的外部环境时，一个不可忽视的因素是相关政策和法规。在很多情况下，招聘工作会受到这方面因素的制约。国家的政策和法律法规从客观上界定了企业招聘对象选择和限制的条件。

国家及地方人力资源政策环境的变化，包括国家对于人力资源法律法规的制定，对于人才的各种措施，国家各种经济法规的实施，国内外经营环境的变化，国家以及地方对于人力资源和人才的各种政策规定等。这些外部环境的变化必定对企业产生影响，从而使企业内部的人力资源政策也随之有所变动。

由于法律法规的本质是规定人们不能做什么事情，因此一般意义上国家的法律和法规对企业的招聘活动具有限制作用，往往规定了企业招聘活动的外部边界。

例如，西方国家的法律规定，企业的招聘信息中不能涉及性别、种族和年龄的特殊规定，除非证明这些是招聘职位所必需的。再如北京市政府也规定，企业的招聘信息中不能出现"35岁以下"和"北京户口"之类的限制条件，这些规定对企业的招聘活动都有影响。

2.1.2　影响招聘的供给因素

外部人力资源供给预测包括本地区人口总量与人力资源比率，本地区人力资源总体构成，本地区的经济发展水平，本地区的教育水平，本地区同一行业劳动力的平均价格与竞争力，本地区劳动力的择业心态与模式，本地区劳动力的工作价值观，本地区的地理位置对外来人口的吸引力，外来劳动力的数量与质量，本地区同行业对劳动力的需求等。

外部劳动力市场的供给对招聘活动产生的影响非常大。当劳动力市场的供给小于需求时，企业吸引人员比较困难；当劳动力市场的供给大于需求时，企业吸引人员就会比较容易。在对外部劳动力市场的影响进行分析时，一般要针对具体的职务层次或职位类别进行。例如，目前技术工人的市场比较紧张，企业往往要投入大量的人力和物力来招聘这类员工。

在劳动力市场上，不同类型人员的供求状况存在很大差异。一般来说，招聘岗位所需的技能要求越低，劳动力市场的供给就越充足，招聘工作相对也越容易开展。如果招聘岗位所需条件越高，劳动力市场的供给就越不足，要吸引并招聘到这类人才就越困难。

例如，IT 业在全球迅猛发展，使得全球性 IT 人才出现了短缺。面对这种状况，不仅 IT 企业在吸引人才方面使出浑身解数，许多国家也打破常规，修改移民法，出台一系列吸引人才的优惠政策。对 IT 人才的争夺已经从跨地区发展到跨国界。

从行业发展情况看，如果企业所属的行业具有巨大的发展潜力，就能吸引一些人才涌入这个行业，从而使企业选择人才的余地较大，如近几年的会计、法律、计算机等行业。相反，当企业所属行业远景欠佳时，企业就难以有充裕的人才可供选择，如现在的纺织、钢铁行业。

2.1.3　影响招聘的竞争因素

竞争对手的综合实力及其人力资源政策，如薪酬政策、培训政策、职业发展计划等都会对企业的招聘工作产生直接影响。

长期以来，国内企业由于受传统人事制度及僵化的用人体制的束缚，在人才竞争方面一直处于劣势。现在国内企业开始与世界知名大企业同台竞争，所以，企业在制订招聘计划时，要尽可能多地了解竞争对手的实力以及他们的人力资源政策，这样才能在人才竞争中占据优势。

在招聘过程中，应聘者往往是对多家企业进行比较后才做出加入的决定，所以，如果企业的招聘政策对竞争对手而言具有比较优势，那么，企业的吸引力就会增强，招聘的效果就会提高。

2.1.4　影响招聘的地域因素

企业所在地区对人员招聘工作有着很大的影响，特别是我国经济发展很不平衡，这在很大程度上造成我国各地区人才分布极不平衡。

一方面，经济发达地区各类人才蜂拥而至；另一方面，经济欠发达地区各类人才纷纷外流，这在很大程度上又制约了欠发达地区经济的发展。经济发达地区各类人才相对充足，这为人员招聘与选拔提供了更多机会。而经济欠发达地区环境艰苦，人才匮乏，增加了这些地区人员招聘的难度。

现在国家和地区推出一系列政策，鼓励各类人才到经济相对落后的地区工作。经济相对落后地区的企业在吸引人才方面也采取了很多优惠而灵活的政策。这些政策和措施为经济落后地区吸引人才提供了条件。

2.1.5　影响招聘的自身因素

在分析影响招聘的自身因素时，主要从以下 8 个方面着手。

1. 招聘职位的性质

企业人力资源招聘的目的，可以是为企业储备人才，还可以是填补企业职位的空缺，而后者更为常见。空缺职位的性质由两个方面决定：一是人力资源规划决定的空缺职位的数量和种类；二是工作分析决定的空缺职位的工作职责、员工的任职资格等。

因此，空缺职位的性质成为整个招聘过程的灵魂，它决定了招聘什么样的人及到哪个相关劳动力市场进行招聘。同时它也让应聘者了解到该职位的基本概况和任职资格要求，便于进行应聘决策。

由此可见，职位性质信息的准确、全面、及时是招聘工作最重要、最基础的要求，它不但决定了企业录用人员的素质，而且还影响着职位对应聘者的吸引力。

2. 企业性质

企业处于不同的行业，其性质和发展前景会影响到对员工的需求及对应聘者的吸引力，企业自身的特点也决定了招聘工作的差异。就目前现状来看，应聘者对外资企业、中外合资企业、大型民营企业比较青睐，这主要是因为它们灵活的用人政策及相对较高的薪酬待遇。

3. 企业战略

企业招聘工作的质量会影响到企业战略的实施，反过来，企业战略的选择也会对招聘工作产生很大的影响。

首先，企业的战略会影响企业招聘的数量和规模，不同的战略对人员有不同的需求。其次，企业战略的选择决定了企业招聘人员的素质和类型。最后，企业的战略决策决定了选择录用新员工的工作作风和风格。

4. 企业文化

企业文化是企业全体员工在长期生产经营活动中培育形成的经营宗旨、价值观念和行为准则。每个企业都有自己的企业文化，企业文化会影响招聘人员的态度、行为方式和其对招聘方式的选择。企业也会根据应聘者的价值观和行为方式是否与自己的企业文化相吻合来决定是否聘用。

5. 企业形象

企业在应聘者心中的形象决定了应聘者的择业倾向，它从精神和行动两方面影响着招聘活动。每个人都希望自己成为优秀企业中的一员，因此绩优的或名牌的大企业以其在公众中的良好声誉和形象，很容易吸引到大量的应聘者，从而提高企业录用到优秀员工的概率。

6. 企业的人才观与用人政策

企业高层决策人员的人才观与用人政策不同，对员工的素质要求也就不同。他们对人才的容纳心胸也决定了招聘的渠道选择，是内部选拔，外部招聘，还是"海纳百川"，不同观念的企业将采取不同的方法招聘员工。

7. 企业的报酬及福利待遇

在招聘人才时，很多企业都愿意以具有竞争力的工资、福利等物质待遇吸引优秀人才。工资、福利不仅是人们基本的物质需求，也是个人价值的一种体现。在市场经济体制下，随着劳动力市场的完善，工资待遇也在竞争中逐渐达到均衡，企业的工资及福利待遇水平的高低成为影响企业招聘工作的一个重要因素。

8．招聘成本

不同的招聘渠道、不同的招聘信息发布方式、不同的选拔方法等所需的时间周期不同，花费的成本差异很大。所以，企业可用于投入招聘的资金是否充裕，将影响到上述工作的效果，并最终影响招聘的效率与效果。

除上述因素以外，企业的地理位置、企业所处的发展阶段、企业现有员工对企业的满意度、招聘员工的紧迫性、企业招聘人员的素质等因素都会对招聘工作产生一定的影响。

【微课堂】

1．请简述影响企业招聘的内部因素有哪些。
2．请简述影响企业招聘的外部因素有哪些。

2.2 招聘规划管理

招聘规划管理工作包括战略性招聘管理、人员供需分析、岗位分析等工作的执行和管理。

2.2.1　战略性招聘管理

战略性招聘管理是指在企业实施招聘过程中进行有效决策、制订符合企业发展战略的招聘规划、采用有效手段的行为过程。战略性招聘管理的内容涵盖人力资源招聘的很多方面，可以从以下两方面来对其进行理解。

1．认识层面

企业要从企业发展战略的高度来对待招聘问题，具体来说要解决好企业总体战略、人力资源战略规划与战略招聘的匹配问题，协调好招聘模块与人力资源规划战略规划其他模块的关系。

2．实施层面

企业要运用科学的人力资源管理思维规范招聘的流程，为企业的发展储备所需的"适才"。

2.2.2 人员供需分析

1. 人员需求分析预测

企业的人员需求分析预测主要是基于企业的发展实力和发展战略目标作出的现实规划。人力资源部必须了解企业的战略目标分几步走，每一步需要什么样的人才和人力做支撑，需求的数量是多少，何时引进比较合适等内容，然后才能做出较为准确的需求预测。

（1）人员需求分析预测的定义。人员需求分析预测是指以企业的战略目标、发展规划和工作任务为出发点，综合考虑各种因素的影响，对企业未来某一段时间内的人员数量、质量、结构分布和需要的时间安排等进行评估的活动。它是企业人员招聘选拔的重要环节，其准确性对招聘选拔的工作计划起决定性作用。

通过对企业运作模式及各类指标与人员需求关系的分析，提炼企业人员配置规律，进而对未来实现企业经营目标带来的人员需求进行预测。

需求分析的主要任务是分析影响企业人员需求的关键因素，确定企业人力资源队伍的人才分类、职业定位和质量要求，预测未来三年人才队伍的数量，明确与企业发展相适应的人员开发与管理模式。

（2）人员需求分析预测的步骤。人员需求预测包括以下几个步骤。

步骤一，现实人员需求预测。

步骤二，未来人员需求预测。

步骤三，未来人员流失情况预测。

步骤四，得出人员需求预测结果。

详细分析如下。

① 根据职位分析的结果，确定职位编制和人员配置。

② 进行人员盘点，统计出人员缺编、超编的数量以及员工是否符合职位资格要求。

③ 将上述统计结论与部门管理者进行讨论，修正统计结论。该统计结论为现实人员需求。

④ 根据企业发展规划，确定各部门的工作量。

⑤ 根据工作量的增长情况，确定各部门还需增加的职位及人数，并进行汇总统计。该统计结论为未来人员需求。

⑥ 对预测期内未来人员的自然流失进行估算。

⑦ 根据历史数据，对未来可能发生的离职情况进行预测。

⑧ 将上述⑥、⑦的统计和预算结果进行汇总，得出未来流失人员情况。

最后，将现实人员需求、未来人员需求和未来流失人员情况汇总，即得出企业整体人员需求预测。

（3）人员需求分析预测的影响因素。人员需求分析预测的影响因素大体分为企业外部环境因素、企业内部因素和个体因素。

① 企业外部环境因素。经济环境（社会经济发展状况、经济体制改革的进程）的变化会影响企业对人员的需求。随着社会经济的发展，人们对某些产品和服务的需求会增加或减少，因而会影响到提高相应产品或服务的企业对人员需求的变化。

例如，随着社会经济发展和人们生活水平的提高，人们对旅游的需求相应增加，由于旅游团体和旅游人数的增加，旅行社的导游人员数量也要相应增加。

社会、政治、法律等因素的变化也常常是导致人员需求变化的原因。例如，当我国与某个国家关系正常化后，两国之间的贸易往来也随之增加，而我国的服装产品是该国需求量很大的一类产品，因此生产出口服装的企业人员数量就需要增加。

技术的变革与新技术的采用也会引起人员需求的变化。一方面，技术的革新会使人均劳动生产率提高，对人员数量的需求可能会减少；另一方面，技术的革新也使得需要运用新技术进行工作的岗位出现人员空缺，需要招聘能够掌握新技术的人员。

② 企业内部因素。企业的战略规划和发展计划决定或影响着企业的发展方向、速度、规模、市场占有率等方面，也会影响到人员的需求。

企业业务范围的扩大或者在地域上的扩张，会导致人员需求数量的增加。

企业组织结构的调整产生新建部门或部门合并，会导致人员需求的数量随之发生变化。

企业的财务预算也会影响人员的需求。如果企业的财务预算比较高，就有条件招聘较多的人员，也可以支付较高的工资，这样就可以招聘到更高素质的人员。如果财务预算紧缩，那么就只能招聘较少的人员和支付较低的工资。可见，财务预算对拟招聘人员的数量和质量都有影响。

③ 个体因素。人员需求的变化也可能是由于人力资源自身因素造成的。例如，员工的退休、员工辞职、合同终止解聘、员工意外死亡或疾病、各种因素的休假（病假、产假、探亲假等）都会产生工作岗位的空缺，需要招聘正式或临时的员工来补充。

2. 人员供给分析预测

人员供给分析预测分为企业内部供给预测和企业外部供给预测两个部分，即为满足企业发展的需要，从内部和外部两个方面对将来（或现在）某个时期内所能得到的员工数量和质量进行预测。

人员供给预测包括以下几个步骤。

步骤一，内部人员供给预测。

步骤二，外部人员供给预测。

步骤三，将企业内部人员供给预测数据和企业外部人员供给预测数据汇总，得出企业人员供给总体预测数据。

详细分析如下。

① 进行人员盘点，了解企业员工的现状。

② 分析企业的职位调整政策和历史员工调整数据，统计员工调整的比例。

③ 向各部门的人事决策人员了解可能出现的人事调整情况。

④ 将第②步、第③步的情况汇总，得出企业内部人员供给预测情况。

⑤ 分析影响外部人员供给的地域性因素，包括企业所在地的人员整体状况、企业所在地的有效人员的供给现状、企业所在地对人才的吸引程度、企业薪酬对所在地人才的吸引程度、企业能够提供的各种福利对当地人才的吸引程度、企业本身对人才的吸引程度。

⑥ 分析影响外部人员供给的全国性因素，包括全国相关专业的大学生毕业人数及就业情况、国家在就业方面的法规和政策、本行业全国范围的人才供需状况、全国范围从业人员的薪酬水平和差异。

⑦ 根据第⑤步、第⑥步的分析，得出企业外部人员供给预测情况。

⑧ 将企业内部人员供给预测、企业外部人员供给预测汇总，得出企业人员供给预测情况。

【微课堂】

1. 人力资源需求预测具体又可细分为哪几方面的内容？
2. 请简述人力资源需求预测的步骤。

2.3 岗位分析

岗位分析也称职位分析、工作分析，它是现代人力资源管理所有职能工作的基础和前提。岗位分析就是对企业中某个特定工作职务的目的、任务或者职责、权力、隶属关系、工作条件、任职资格等相关信息进行收集与分析，以便对该职务的工作做出明确的规定，并确定完成该工作所需要的行为、条件、人员的过程。

企业在开展招聘工作前，首先应该进行相关的岗位分析工作，以明确需求，同时也能让应聘者明确自己所申请职位的工作职责、工作内容、任职要求等。可以说岗位分析为企业选拔应聘者提供了客观依据，也为应聘者提供了需求信息，有助于提高企业招聘的信度和效度，降低企业的招聘成本。

2.3.1 岗位分析的内容

岗位分析的内容包括以下 8 个要素（7W1H），其主要内容如下。

Who：谁从事此项工作，责任人是谁。

What：在员工要完成的工作任务当中，哪些属于体力劳动的范畴，哪些

岗位分析
的内容

属于智力劳动的范畴。

Whom：为谁做，即客户是谁。这里的客户不仅指外部的客户，也指企业内部的员工，包括与从事该工作有直接关系的人（直接上级、下级、同事等）。

Why：为什么做，即工作对从事该岗位的员工的意义所在。

When：工作任务应该在什么时间段内完成。

Where：工作的地点、环境等。

What qualifications：从事这项工作的员工应该具备哪些资质、条件。

How：如何从事或者要求如何从事此项工作，即工作流程、规范以及为从事该项工作所应享有的权利。

2.3.2　岗位分析的作用

岗位分析的主要作用如下。

1. 岗位分析是进行人力资源规划的重要依据

在市场和企业面临不断变化的动态情况下，人力资源也需要适应这种变化，实现动态平衡。科学的人力资源管理规划对于企业适应这种变化，更好地生存和发展尤其重要。而岗位分析正是预测企业人力资源需求的基础，也是人员调任、晋升等活动的基础。

2. 岗位分析为企业招聘和选拔提供重要依据

企业实施招聘，就是要找到合适的应聘者并将其放在合适的岗位上，从而达到人与岗位的最佳契合。岗位分析的结果能够提供具体岗位的工作内容、主要职责及任职资格条件等方面的信息，为企业的招聘与选拔提供重要依据，进而帮助招聘人员在对应聘者进行面试和考评时，能有针对性地进行提问和测试，避免面试和评估的盲目性。

3. 岗位分析有助于明确培训的内容和目标

企业实施培训主要应围绕员工在工作中所需要的知识、技能、能力等方面展开，培训的主要目的是提高员工的工作技能，进而提高其工作效率和企业的绩效。

根据岗位分析的结果编制的岗位说明书，明确了胜任该岗位所需的能力、技能要求等。企业可根据岗位说明书并结合员工自身特点、对其进行的阶段性考核结果等设计出有效的人员培训和开发方案。

4. 岗位分析是薪酬体系的设计基础

岗位分析是企业核定薪酬、设计薪酬体系的主要依据。通过了解具体岗位的工作内容、工作所需的知识、技巧与能力等因素，可以确定该项工作对企业的价值或重要性，进而设计企业的薪酬体系。

5. 岗位分析为绩效考评和管理提供依据

绩效考评的依据来源于岗位分析中得出的岗位职责、工作内容或工作行为规范等。若没有岗位分析，绩效考评就缺少了必要的依据。

2.3.3　岗位分析的流程

企业开展岗位分析的流程主要包括准备阶段、开展工作分析阶段和落实工作分析结果 3 个阶段，具体如图 2-1 所示。

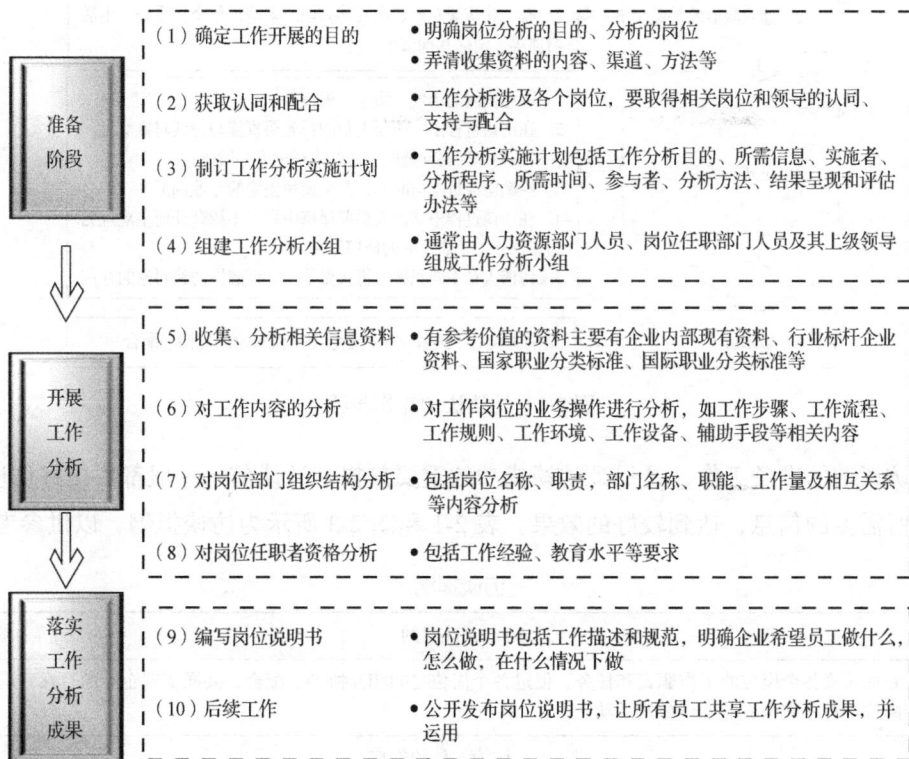

准备阶段	（1）确定工作开展的目的	●明确岗位分析的目的、分析的岗位 ●弄清收集资料的内容、渠道、方法等
	（2）获取认同和配合	●工作分析涉及各个岗位，要取得相关岗位和领导的认同、支持与配合
	（3）制订工作分析实施计划	●工作分析实施计划包括工作分析目的、所需信息、实施者、分析程序、所需时间、参与者、分析方法、结果呈现和评估办法等
	（4）组建工作分析小组	●通常由人力资源部门人员、岗位任职部门人员及其上级领导组成工作分析小组
开展工作分析	（5）收集、分析相关信息资料	●有参考价值的资料主要有企业内部现有资料、行业标杆企业资料、国家职业分类标准、国际职业分类标准等
	（6）对工作内容的分析	●对工作岗位的业务操作进行分析，如工作步骤、工作流程、工作规则、工作环境、工作设备、辅助手段等相关内容
	（7）对岗位部门组织结构分析	●包括岗位名称、职责，部门名称、职能、工作量及相互关系等内容分析
	（8）对岗位任职者资格分析	●包括工作经验、教育水平等要求
落实工作分析成果	（9）编写岗位说明书	●岗位说明书包括工作描述和规范，明确企业希望员工做什么，怎么做，在什么情况下做
	（10）后续工作	●公开发布岗位说明书，让所有员工共享工作分析成果，并运用

图 2-1　岗位分析的流程

2.3.4　岗位分析的方法

岗位分析是一项复杂的系统工程，企业在进行岗位分析时，必须统筹规划，分阶段、按步骤地进行。企业在进行岗位分析时，需根据岗位分析的目的并结合各种岗位分析方法的利弊，选择适当的方法对不同岗位进行分析。

（1）岗位分析方法的种类。一般来说，岗位分析主要有以下 6 种方法。

① 访谈法。访谈法是访谈人员就某一岗位与访谈对象按事先拟订好的访谈提纲进行交流和讨论。

访谈对象包括该职位的任职者、对其工作较为熟悉的直接主管人员、与该职位工作联系比较密切的工作人员、任职者的下属。

访谈法的操作步骤具体如图 2-2 所示。

用访谈法进行岗位分析

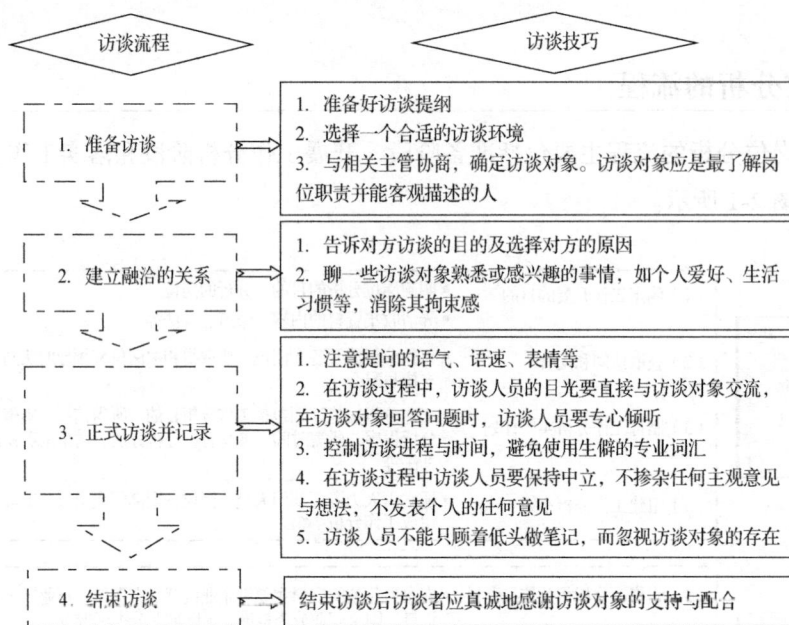

图 2-2　访谈法的操作步骤

做好访谈前的准备工作，是保证访谈成功的重要前提。访谈前，一般都要拟好访谈提纲，以便获得所需要的信息，达到较好的效果。表 2-1 和图 2-3 所示为访谈提纲，以供参考。

表 2-1　　　　　　　　　　　　　　　　　访谈提纲

一、访谈目的			
为了更好地明确各个岗位的工作职责和任务，促进各个岗位之间相互协调、配合，共同实现企业的目标，企业人力资源部对各个岗位进行一次全面的工作分析活动			
二、访谈人员的构成			
姓名	职务	所在部门	联系方式
三、访谈对象			
姓名	职务	采访时间	联系方式
四、访谈问题			
1. 请问您的职务编号是什么			
2. 您所在的部门是哪个？直接主管是谁？部门经理是谁			
3. 所在岗位的主要工作任务和职责			
4. 工作权限			
5. 工作中需要同哪些部门或人员接触			
6. 其他			

五、访谈的形式		
□个别访谈法	□集体访谈法	□主管人员访谈法
六、访谈注意事项		
1. 访谈人员要营造和谐、良好的访谈氛围		
2. 访谈人员应注意做好记录		
3. 保证信息的真实性、准确性		

典型问题提纲

1. 员工所在的岗位，主要工作职责
2. 胜任此工作所需具备的条件，如学历、工作经验及特殊技能等
3. 此岗位的工作关系，即工作过程中需要和哪些部门/人员联系
4. 工作的权限，如独立决策的权限大小、所做的决定是否由他人审核等
5. 工作中需要注意的问题
6. 所处的工作环境与工作条件，如温度、湿度、粉尘、噪声等
7. 工作中所使用的机器或设备
8. 工作前景等

图 2-3   访谈法典型问题提纲

② 问卷调查法。问卷调查法是指岗位分析人员及其他相关人员事先设计出一套关于岗位的问卷，然后把问卷分发给员工填写，待问卷填写完毕，将其收集、分析、汇总并由此得到岗位相关信息的一种方法。

采用问卷调查法进行岗位分析，其关键环节是设计问卷。设计问卷是一项非常专业的工作，必须将需要获得的信息转化为简单明确的问题。问卷的形式分为开放型问卷、封闭型问卷、混合型问卷 3 种。具体内容如表 2-2 所示。

表 2-2   问卷的类型

形式	内容说明
开放型问卷	（1）开放型问卷是指设计的问卷只有问题而没有给出备选的答案，由被调查人根据自己的判断，自由地回答所提出的问题 （2）由于被调查人可以自由回答问题，因此容易获得某些新的或更为全面的信息；但同时也可能会收集到一些无效的信息，且岗位分析人员难以对收集到的信息进行统计和对比分析
封闭型问卷	（1）封闭型问卷是指调查人员先设计好所要调查问题的备选答案，被调查人在其中选择合适的答案即可 （2）封闭型问卷比较规范，适合于用计算机对结果进行统计分析。但它的设计比较费工夫，不易获得较为全面的信息
混合型问卷	混合型问卷，就是将封闭型问卷与开放型问卷有机地结合，其问题既包括开放型问题也包括封闭型问题

无论采取何种设计方式，问卷问题的设计都应围绕拟分析的工作岗位进行。表 2-3、表 2-4 所示为岗位分析调查问卷的样例，仅供参考。

表 2-3 岗位分析调查问卷

姓名		职位		职位编号	
所属部门		直接主管		管辖人数	

1. 职责概述

2. 主要工作及所花费的时间比

工作内容	所花费的时间比	所负责任（主要/部分/辅助）
（1）		
（2）		
（3）		

3. 工作权限

4. 监督责任

（1）您所在的职位有无监督责任（　　）（若无，转到第 5 题；若有，请继续填写下面的问题）

A. 有　　　　　　　　　　B. 无

（2）直接监督的人员数量（　　）

（3）间接监督的人员数量（　　）

（4）直接监督人员的层次（　　）

A. 基层管理人员　　　　　B. 中层管理人员　　　　　C. 高层管理人员

5. 工作压力

（1）经常需要做出决定并且结果影响较大（　　）

A. 几乎没有　　　　　　B. 偶尔　　　　　C. 很少　　　　　D. 不太经常　　　　　E. 经常

（2）您在工作过程中，是否要求精神高度集中，若是，占用工作的比重大约是多少（　　）

A. 10%～20%　　　　B. 20%～40%　　　　C. 40%～60%　　　　D. 60%～80%　　　　E. 80%～100%

（3）在您的工作中是否需要运用不同方面的专业知识和技能（　　）

A. 几乎不需要　　　　B. 很少　　　　C. 有一些　　　　D. 较多　　　　E. 非常多

（4）在工作中是否需要灵活地处理问题（　　）

A. 几乎不需要　　　　B. 很少　　　　C. 有时　　　　D. 不太经常　　　　E. 经常

（5）您的工作是否需要创造性（　　）

A. 几乎不需要　　　　B. 很少　　　　C. 有时　　　　D. 较需要　　　　E. 很需要

6. 工作时间

（1）正常的工作时间：每日自（　　）时开始至（　　）时结束

（2）每周平均加班时间为（　　）小时

（3）实际上下班时间是否随业务情况经常变化（　　）

A. 经常　　　　　　　　B. 有时　　　　　　　　C. 否

（4）所从事的工作是否忙闲不均（□是　　　□否）

（5）若工作忙闲不均，则最忙时常发生在哪段时间（　　）

（6）出差频率（　　）

7. 工作联系（1—极少　2—偶尔　　3—不是经常　4—经常）	
（1）内部接触	
接触的部门或人员	得分
（2）外部接触	
接触的部门或人员	得分

8. 工作环境
请描述您的工作环境，包括内部环境和外部环境，若有改进的意见，也可以在下面列明

9. 请列出工作中需要使用的设备，并且按照使用频率的高低排列	
工作设备	使用频率

10. 培训
工作中需要哪些方面的培训

11. 岗位任职资格					
学历		专业		年龄	
性别		工作经验		相关证书	

能力要求（1—几乎不需要　2—偶尔　3—很少　4—需要　5—非常需要）	
工作能力	评分

其他特殊技能

12. 请列出您觉得对工作分析来说是很重要的而问卷中却没有包含的信息

表 2-4 问卷调查表

尊敬的员工：

您好！非常感谢您参加本企业工作分析的问卷调查活动，以下信息请您根据所在的岗位如实填写，如发现有遗漏或者不足之处，请您在后面附言或与人力资源部联系。

谢谢合作！

××企业人力资源部

年 月 日

基本情况	姓　名		性　别		职位名称	
	职位编号		直接领导		所属部门	

工作时间	1. 正常的工作时间每日（　）小时，（　　　　）时开始至（　　）时结束
	2. 每日午休时间为（　）小时
	3. 每周平均加班时间为（　）小时
	4. 所从事的工作是否忙闲不均（□是　□否）
	5. 若工作忙闲不均，最忙时常发生在哪段时间（　　）
	6. 是否经常出差（□是　　　次/月　　　□否）

工作设备	1. 为完成本职工作，需要使用的设备或工具
	2. 平均每周使用（　）小时

任职资格要求	1. 本岗位所需的学历要求	□硕士及以上　□本科　　□大专　　□高中及以下
	2. 完成本职工作须具备的能力	评分标准 1（不需要）2（较低）3（一般）4（较高）5（高） 能力要求　　　　　　　　得分 领导能力　　　　　　　（　　　） 执行力　　　　　　　　（　　　） 沟通能力　　　　　　　（　　　） 组织协调能力　　　　　（　　　） 分析判断能力　　　　　（　　　） 创新力　　　　　　　　（　　　） 语言表达能力　　　　　（　　　）
	3. 是否需要培训	□是　　□否　　　　若需要培训，需要哪方面的培训
	4. 工作经验要求	

任务综述	简要地描述工作任务，工作中您觉得最困难的事情是什么？您通常是怎样处理的
日常工作任务	请您尽可能多地描述日常工作，并根据工作的重要性和每项工作所花费的时间由高到低排列，分轻重缓急处理工作
与其他部门的联系	请您列出在企业或企业外所有因工作而发生联系的部门和人员，并依接触频率由高到低排列
工作压力	1. 您工作时是否要求精神高度集中？若是，占每天工作时间的比重是多少 2. 工作中是否经常遇到棘手的问题且要迅速做出决定 3. 是否需要不断地补充新知识才能更好地完成工作？若是，需要学习哪方面的知识
工作环境	1. 请描述您的工作环境与条件
	2. 对工作条件及其环境满意状况（□好　□一般　□差），并可提出您的宝贵意见
其　他	请写出前面各项中没有涉及的，但您认为对本职位很重要的其他信息

调查问卷设计质量的高低直接影响调查的结果。因此，在设计调查问卷时，岗位分析人员应注意 4 点问题，具体内容如图 2-4 所示。

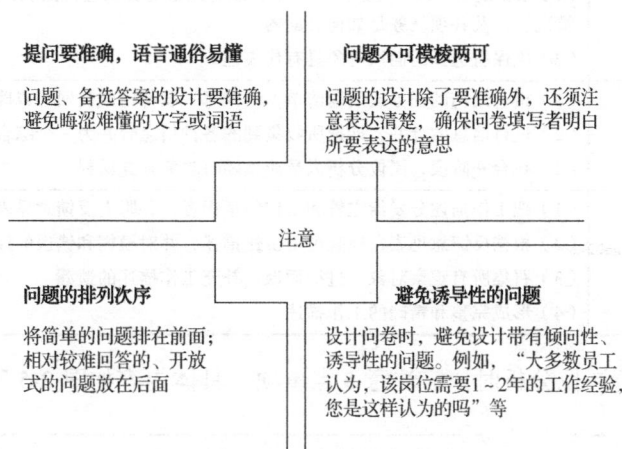

提问要准确，语言通俗易懂

问题、备选答案的设计要准确，避免晦涩难懂的文字或词语

问题不可模棱两可

问题的设计除了要准确外，还须注意表达清楚，确保问卷填写者明白所要表达的意思

注意

问题的排列次序

将简单的问题排在前面；相对较难回答的、开放式的问题放在后面

避免诱导性的问题

设计问卷时，避免设计带有倾向性、诱导性的问题。例如，"大多数员工认为，该岗位需要1～2年的工作经验，您是这样认为的吗"等

图 2-4　设计调查问卷的注意事项

③ 观察法。观察法是岗位分析人员到现场去观察岗位任职者的实际工作情况，通过观察，将有关工作的内容、方法、程序、设备、工作环境等信息记录下来，最后将取得的信息归纳整理为适合使用的结果的过程。

利用观察法进行岗位分析时，应力求观察的结构化，根据工作分析的目的和企业现有的条件，事先确定观察的内容、观察的时间、观察的位置、观察所需的记录单等，做到省时高效。

观察法分为直接观察法、阶段观察法、工作表演法 3 种，具体内容如表 2-5 所示。

表 2-5　　　　　　　　　　　　　观察法的类别

类别	内容说明	适用情况
直接观察法	直接观察法是指岗位分析人员直接对员工工作的全过程进行观察	它适用于工作周期很短的职位。例如，保洁员，他的工作基本上是以一天为一个周期，工作分析人员可以一整天跟随保洁员进行直接的工作观察
阶段观察法	有些员工的工作具有较长的周期性，为了能完整地观察到员工的所有工作，必须分阶段进行观察	—
工作表演法	该方法于工作周期很长和突发性事件较多的工作比较适合，如保安人员表演来访接待登记的过程	有时由于时间阶段跨度太长，但分析工作不能拖延很长时间，这时采用"工作表演法"更为合适

观察法的操作步骤具体如表 2-6 所示。

表 2-6　　　　　　　　　　　　　观察法的操作步骤

序号	步骤名称	操作说明
1	观察准备	（1）检查现有文件，形成工作的总体概念，包括工作的主要职责、任务以及流程 （2）准备一个初步的观察任务清单，作为观察的框架 （3）为数据收集过程中涉及的还不清楚的主要项目做一个解释
2	进行观察	（1）在部门主管的协助下，对员工的工作进行观察 （2）在观察中，要适时地做记录

续表

序号	步骤名称	操作说明
3	进行面谈	（1）根据观察情况，再选择一个主管或有经验的员工进行面谈，因为他们了解工作的整体情况，以及各项任务是如何分配的 （2）确保所选择的面谈对象具有代表性
4	合并工作信息	（1）检查最初的任务或问题清单，确保每一项都已经被回答或确认 （2）进行信息的合并，即把所收集到的各种信息合并为一个综合的工作描述 （3）在合并阶段，岗位分析人员应该随时收集补充材料
5	核实工作描述	（1）把工作描述分发给主管和工作的承担者，并附上反馈意见表 （2）根据反馈意见表，检查整个工作描述，并对模糊和错误的地方做出标记 （3）召集所有观察对象，进行面谈，补充工作描述的遗漏 （4）形成完整和精确的工作描述

在运用观察法进行岗位分析时，需注意 5 点事项，具体内容如图 2-5 所示。

图 2-5　使用观察法的注意事项

采用观察法进行岗位分析，岗位分析人员可以获得工作现场的第一手资料，结果比较客观、准确，但需要岗位分析人员具备较高的素质。当然，观察法也存在一些弊端，如不适用工作循环周期很长的工作，因为其难以收集到与脑力劳动有关的信息。

表 2-7 所示是观察法信息记录的表单，可供参考。

表 2-7　　　　　　　　　　　　　　观察法信息记录表

被观察者姓名		所在岗位		所属部门	
观察者姓名		观察时间		观察日期	
观察内容	岗位工作作息时间				
	工作期间休息次数				
	岗位工作主要内容				
	与其他岗位的联系				
	工作成果				
	岗位环境				
	其他				

④ 工作日志法。工作日志法，也称工作写实法，是指任职者按照时间顺序详细记录本职工作的内容，岗位分析人员根据其记录的内容加以归纳总结，从而得到岗位分析的相关信息的方法。

工作日写实有个人工作日写实、班组工作日写实、各机台看管工作日写实、特殊工作日写实。表 2-8 和表 2-9 所示分别为工作写实法的具体操作规程和记录整理的内容。

表 2-8 工作日写实原始记录表（劳动定额）

定额名称： 工作内容： 工程量单位：

观测地点		日 期		施工单位		观测编号	
班组工人数量			施工组织简况				
时间划分		开始时间 时：分	结束时间 时：分	时间消耗 （分）	耗时修正 （分）	修正后耗时 （分）	备注
1	额定时间						
（1）	准备工作时间						
（2）	基本工作时间						
（3）	辅助工作时间						
（4）	合理中断时间						
（5）	休息时间						
（6）	结束整理时间						
2	非额定时间						
（1）	施工本身造成的 停工时间						
（2）	非施工本身造成 的停工时间						
（3）	违反劳动纪律 损失的时间						
（4）	其他浪费时间						
消耗时间总计							
完成产量							

观察者： 复核者：

在进行完工作写实之后，要进行分析整理，如表 2-9 所示。

表 2-9 工作日写实记录汇总表（人工）

定额名称： 工作内容： 工程量单位：

观测编号												加权平均值 m
工人数量												
实际观测时间（分）												
序号	时间划分	时间消耗		时间消耗		时间消耗		时间消耗		时间消耗		
1	定额时间	分	%	分	%	分	%	分	%	分	%	
（1）	准备工作时间											
（2）	基本工作时间											
（3）	辅助工作时间											
（4）	合理中断时间											
（5）	休息时间											
（6）	结束整理时间											
2	非定额时间											
（1）	施工本身造成停工时间											
（2）	非施工本身造成停工时间											
（3）	返工时间											
（4）	其他浪费时间											
3	完成产量											
4	每工日产量 q											

计算者： 复核者：

⑤ 关键事件法。关键事件法要求岗位工作人员或其他有关人员对一系列与工作有关的行为进行描述，并从中挑选出能影响其绩效的"关键事件"（即对岗位工作任务造成显著影响的事件）来评定，从而得出结果。

例如，销售工作可以选取的 9 种关键行为特征。

（1）品行端正。

（2）迅速调查并掌握所销售产品的最佳性能和其他同类产品的状况。

（3）根据客户的需要灵活地对推销策略进行调整。

（4）对他人（客户、同事、领导）信守承诺。

（5）积极收集产品的反馈信息。

（6）善于倾听，并站在客户的立场上想问题。

（7）工作态度热情主动。

（8）努力提高企业产品的市场占有率。

（9）维护企业形象。

关键事件按性质分，可分为正向关键事件和负向关键事件，具体内容如图 2-6 所示。

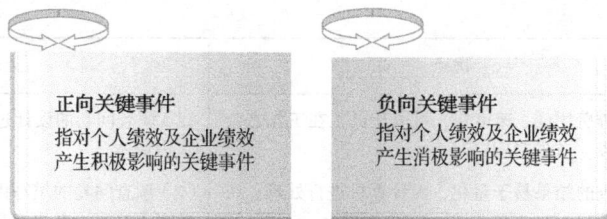

图 2-6　关键事件的分类

在采用这一方法进行岗位分析时，对关键事件的描述应包括 4 部分内容，如图 2-7 所示。

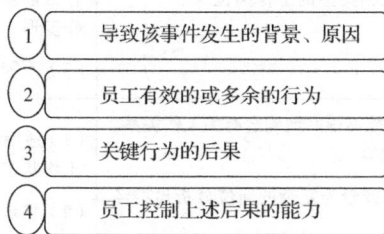

图 2-7　关键事件描述的内容

采用关键事件法进行岗位分析时，应注意 3 个问题，如图 2-8 所示。

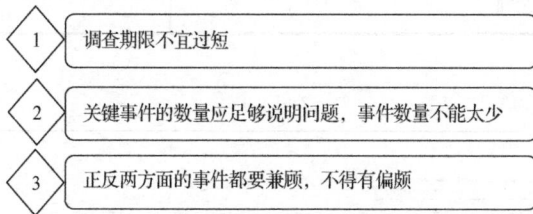

图 2-8　关键事件法操作注意事项

⑥ 工作参与法。工作参与法是指岗位分析人员直接参与某一岗位的工作，从而细致、全面地体验、了解和分析岗位特征及岗位要求的方法。

（2）岗位分析方法优缺点比较。企业在进行岗位分析时，要想获得理想的效果，就要选择适合的分析方法。那么，企业的人力资源管理工作人员就要了解各种岗位分析方法的利弊，从而有针对性地选择使用。上述 6 种分析方法的优缺点如表 2-10 所示。

表 2-10　　　　　　　　　　常用岗位分析方法优缺点对比表

分析方法	优点	缺点
访谈法	（1）可对工作态度与工作动机等较深层次的内容进行比较详细的了解 （2）运用面广，能够简单而迅速地收集多方面的岗位分析资料 （3）由任职者亲自讲述工作内容，所收集的信息应具体、准确，有助于管理者发现问题	（1）访谈法有专门的技巧，需要进行培训，对岗位分析人员的能力要求较高 （2）访谈法容易被员工认为是对其工作业绩的考核，所以会夸大或弱化某些职责 （3）比较费口舌和时间，工作成本较高

续表

分析方法	优点	缺点
问卷调查法	（1）调查费用低、速度快，可以让员工在工作之余填写问卷，节省时间 （2）调查的结果易于量化，由计算机进行处理，快捷、直观	（1）调查问卷的设计过程需要较长时间和较高的人力成本 （2）调查问卷的填写由被调查者单独完成，如果填写不认真，势必会影响调查质量
观察法	岗位分析人员能够比较直观、全面地了解工作要求，主要适用于劳动密集型的工作岗位	（1）此法不适用于脑力劳动比重高的工作岗位，以及处理突发情况的间歇性工作岗位 （2）可能引起被观察员工的误会，让他们觉得工作被监视或被威胁而从心理上产生逆反，使得操作变形 （3）不能采集有关任职者资格要求的信息
工作日志法	（1）信息可靠性高，能够很好地确定有关工作关系、劳动强度等方面的内容 （2）对于高技术难度或较为复杂的岗位分析显得经济、有效	（1）适用范围较小，只适用于工作循环周期较短、工作状态稳定、无大的起伏的岗位 （2）整理信息工作量大，归纳总结工作烦琐
关键事件法	由于在行为的过程中进行观察和测量，因此描述岗位行为、建立行为准则更加准确	不能对岗位提供完整描述，如无法描述工作责任、工作背景和最低任职资格等要素
工作参与法	岗位分析人员直接参与工作，目的性强，调查更直观、细致、全面	人力成本较高，耗时较长

【微课堂】

1. 请说明岗位规范与岗位说明书的区别。

2. 某项工作的特点是简单、外显、不断重复，则对该项工作的分析适合用哪种方法？

复习与思考

1. 简述招聘规划管理的内容。

2. 岗位分析的意义是什么？

3. 对岗位分析的几种方法进行简要的介绍。

知识链接

实习生计划

实习生计划对于企业和毕业生来说是双赢的。国内外很多企业都在实行。

作为世界领先的能源和化工公司，壳牌公司在其网站上开通了"实习生在线申请"的渠道，以便吸引更多的即将毕业的优秀大学生加入这一为期 2 个月的实习项目中来。

技能实训

实训内容	编制一份岗位说明书

请针对"招聘专员"这一岗位，结合本章所学的知识，编制一份岗位说明书。

招聘专员岗位说明书

岗位名称		岗位编号		所属部门	
直属上级		直接下属		工资标准	
职责概述					
工作关系	企业内部				
	企业外部				
工作环境					
使用设备					

第3章 | 招聘计划的制订

【本章知识导图】

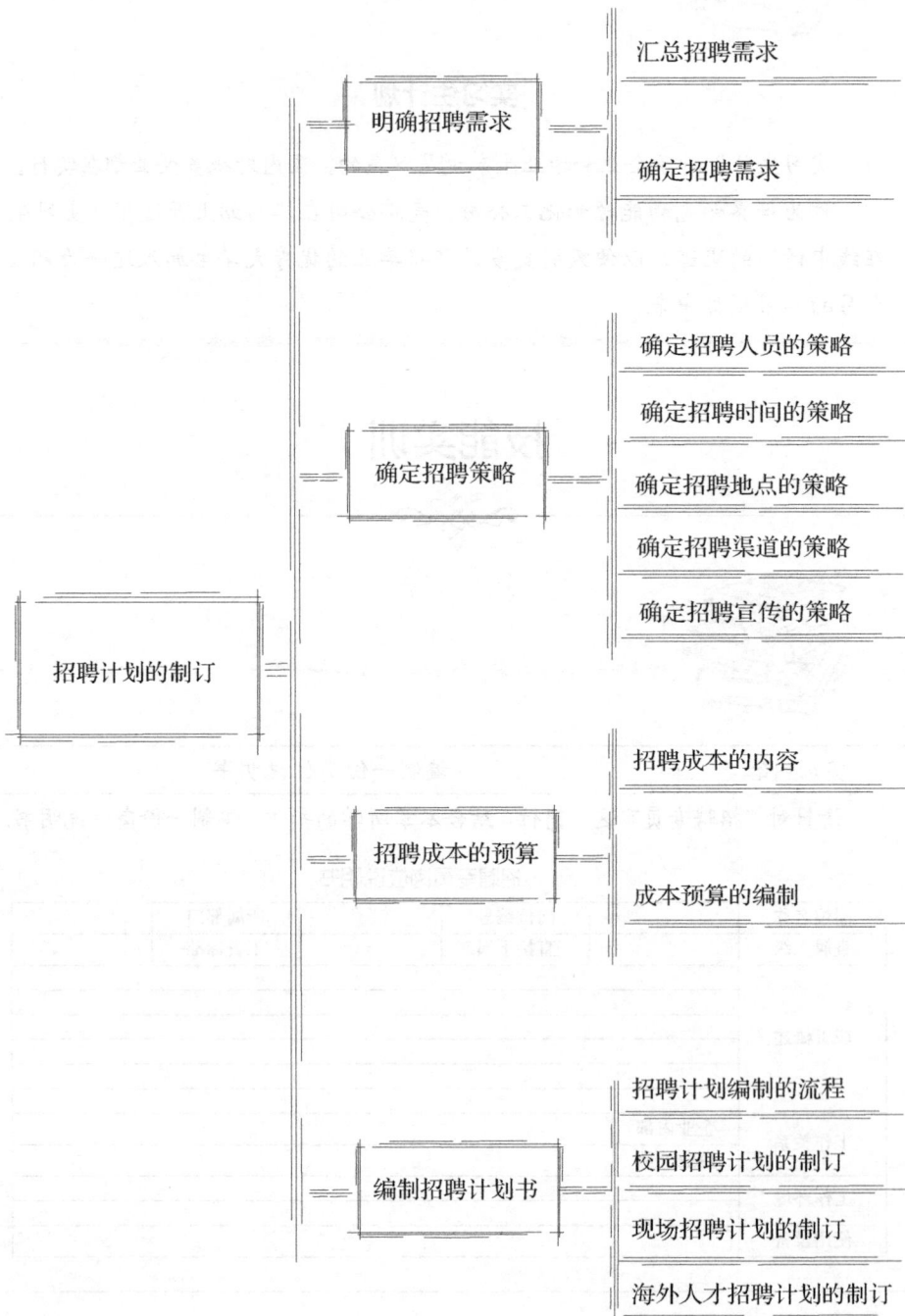

招聘计划的制订

- 明确招聘需求
  - 汇总招聘需求
  - 确定招聘需求

- 确定招聘策略
  - 确定招聘人员的策略
  - 确定招聘时间的策略
  - 确定招聘地点的策略
  - 确定招聘渠道的策略
  - 确定招聘宣传的策略

- 招聘成本的预算
  - 招聘成本的内容
  - 成本预算的编制

- 编制招聘计划书
  - 招聘计划编制的流程
  - 校园招聘计划的制订
  - 现场招聘计划的制订
  - 海外人才招聘计划的制订

【学习目标】

职业知识	• 明确招聘计划所包含的内容 • 明确招聘成本的构成及编制方法
职业能力	• 能够根据人员需求、招聘时间和地点、招聘预算费用等信息编制完整、实用的招聘计划 • 能够根据招聘对象及招聘渠道合理进行招聘成本的预算
职业素质	具备较强的信息收集与处理能力和团队合作能力

3.1 明确招聘需求

3.1.1 汇总招聘需求

各部门负责人根据部门用人需求的情况填写"招聘需求申请表"（见表 3-1），提交至人力资源部门，由人力资源部门进行招聘需求汇总。

招聘计划的制订

表 3-1 招聘需求申请表

招聘岗位		招聘人数		拟到岗日期	
招聘原因	□扩大编制　□储备人员　□辞职补充　□临时需要　□其他原因				
岗位职责简述					
岗位任职资格要求					
其他招聘要求（是否需要猎头招聘等）					
部门负责人意见					
人力资源部门意见					
总经理意见					

3.1.2 确定招聘需求

当各职能部门因工作需要向人力资源部门提出人员需求申请时，人力资源部是不是就立马着手实施招聘呢？

答案是不一定的。接到职能部门的用人需求申请时，人力资源部需对招聘需求进行分析，具体内容如图 3-1 所示。

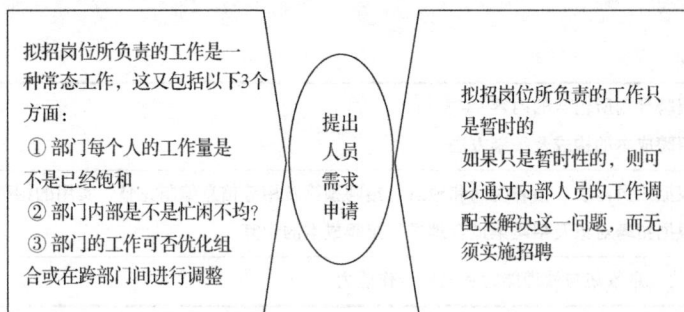

图 3-1　招聘需求分析

为了便于理解，我们举个例子来说明。例如，某企业的人力资源部要招一位招聘助理，主要负责简历筛选、安排面试、整理面试记录等工作。工作是常态的，部门内其他人也都很忙，那就看这个工作可否交给前台来做呢？如果不行，可否找一个实习生来帮忙呢？如果只是因为刚发报纸广告或到学校招聘，就出现简历骤增的情况，那就在部门内部进行分工，化整为零。

经过分析，人力资源部将各部门的招聘需求进行汇总，形成"企业招聘需求汇总表"（见表3-2），并以此为依据，着手计划下一步的招聘工作。

表 3-2　　　　　　　　　　　　　　企业招聘需求汇总表

部门	招聘岗位	招聘人数	性别	到岗时间

【微课堂】

接到职能部门的用人需求申请时，人力资源部对人员需求进行分析，分析的内容包括哪些？

3.2 确定招聘策略

招聘策略是为实现招聘计划而采取的具体策略。一个成功的招聘策略将帮助企业快速招到适合的人才，推动企业持续发展。

招聘策略包括招聘人员策略、招聘时间策略、招聘地点策略、招聘渠道策略和招聘宣传策略。

3.2.1　确定招聘人员的策略

招聘人员应该由人力资源部工作人员、招聘岗位的负责人、专家等共同组成。总的来说，招聘人员应具备良好的品德和个人修养，具备相关的专业知识，掌握一定的面试技巧；面试时，应持公平、公正、客观的态度评价所有的应聘者。

3.2.2　确定招聘时间的策略

招聘过程中一个重要的问题就是在保证招聘质量的前提下，确定一个科学合理的时间花费。紧迫的时间会使招聘质量大打折扣。

一般的招聘时间选择应遵守以下规则。

一是选择在人才供应高峰时招聘，如每年的 3 月、4 月和大学生毕业的时间。

二是做好招聘时间计划。在出现岗位空缺之前，必须仔细确定每一个招聘步骤可能占用的时间，以便确定填补空缺岗位需要花费的全部时间，设置一个实际的时间线，从希望员工到岗那一天开始进行倒推。

3.2.3　确定招聘地点的策略

招聘地点策略也是招聘策略的内容之一。

选择招聘地点，应考虑人才分布规律、应聘者活动范围、企业的位置、劳动力市场状况及招聘成本等因素。例如，拟招聘企业的高级管理人才或专家，在企业实力允许的情况下，其范围应该是在全国乃至全世界。

3.2.4　确定招聘渠道的策略

一个好的招聘渠道应能够达到招聘的要求，在招聘到合适人员情况下所花费的成本低，且具有可操作性。根据应聘者来源渠道的不同，企业招聘分为内部招聘和外部招聘两种。

1. 内部招聘

内部招聘是指当企业内部出现岗位空缺时，通过调配企业内部员工来解决招聘问题。内部招聘的渠道包括晋升、工作调换、工作轮换、人员重聘等。

内部招聘具有准确性高、人员适应快、对内部员工激励性强、招聘费用低等优点。但也可能因处理不公、方法不当或员工个人原因，在内部造成一些矛盾，产生不利的影响。

2. 外部招聘

外部招聘是指企业从外部人力资源中招聘企业所需要的人员，就是企业根据自身发展的需要，向外界发布招聘信息，并对应聘者进行相关的测试、考核、评定及一定时期的试用，综合考虑其各方面的条件之后，决定企业的聘用对象的一种方式。

对于企业而言，常见的外部招聘渠道包括：网络招聘渠道、媒体招聘渠道、现场招聘渠道、外部推荐招聘渠道、猎头招聘渠道、职业介绍所招聘渠道、校企合作渠道等。

由于有充分的选择余地，外部招聘有利于聘用优秀的人才，同时有助于强化企业对外界的宣传等；但也存在着筛选时间长、引进成本高等不足。

企业可以根据招聘计划所需要的候选人的数量和类型来选择不同的招聘渠道。一般情况下，企业从校园中吸引专业技术人员和管理人员，在就业服务机构或职业介绍所招聘办事员和操作工人，通过广告招聘各方面专家、销售人员等，为了节省开支和时间，企业还可以通过员工引荐的方式招聘人员。

3.2.5　确定招聘宣传的策略

招聘的过程也是宣传企业形象、提高企业声誉的过程。在招聘过程中，企业一方面需要尽可能吸引应聘者，另一方面还必须利用招聘的机会进行企业形象和声誉的宣传活动。

企业应与人才的来源单位，如院校、职业介绍中心、人才交流中心等外部单位保持密切的联系。近年来，很多企业直接到各大院校设立专项奖学金，召开宣讲会，从而增进毕业生对企业的了解，为企业吸引储备人才。另外，要处理好与未被录用者的关系，对其发感谢函，说明未被录用的原因等。

【微课堂】

> 1. 招聘团队成员选择的依据是什么？
> 2. 在选择招聘渠道时，应注意哪些事项？

3.3 招聘成本的预算

制订准确、翔实的招聘预算，需要了解招聘成本的内容及成本预算的编制方法和编制流程。

3.3.1　招聘成本的内容

企业在进行招聘成本核算时，可将招聘成本归纳为招聘成本、选拔成本、录用成本、安置成本、离职成本、重置成本6个方面，具体的内容和计算方法如下。

1. 招聘成本

招聘成本是指为吸引和确定企业所需要的人才而支出的费用。该成本主要包括：直接业务费，如广告费、宣传材料费、办公费、招聘会务费、差旅费等；招聘人员劳务费；间接管理费，如行政管理费、招聘场地及设备使用费等。另外，还包括企业吸引未来可能成为企业成员人选的费用，如委托代培费等。招聘成本的计算公式如下所示：

> （1）招聘成本=招聘人员劳务费+直接业务费+间接管理费+预付费用
>
> （2）人均招聘成本=总成本÷录用人数

招聘所花费的总成本低，录用人员质量高，则招聘效果好；反之，则招聘效果有待提高。总成本低，录用人数多，则招聘成本低；反之，则招聘成本高。

2．选拔成本

选拔成本是对应聘者进行甄选、考核，最终做出录用决策这一过程中所支付的费用。主要包括选拔面谈的时间费用、资料费、考试费用等，具体计算公式如下：

> （1）选拔面谈的时间费用=（每人面谈前的准备时间+每人面谈所需时间）×选拔者工资率×候选人数
>
> （2）资料费=（每份申请资料印发费+每人资料汇总费）×候选人数
>
> （3）考试费用=（平均每人的材料费+平均每人的评分成本）×参加笔试的人数×考试次数
>
> （4）测试评审费=测试所需时间×（人力资源部人员的工资率+各部门代表的工资率）×次数

3．录用成本

录用成本是指经过对应聘者的面试甄选后，通知任职者到岗这一阶段所支出的费用。主要包括入职手续费、安家费、各种补贴等项目。录用成本的计算公式如下：

> 录用成本=入职手续费+调动补偿费+安家费+旅途补助费

4．安置成本

安置成本是指企业录用的员工到其工作岗位时所需的费用，主要是指为安排新员工所发生的行政管理费用、办公设备费用等，其计算公式如下：

> 安置成本=各种安置行政管理费用+必要设备装备费+安置人员时间损失成本

5．离职成本

离职成本是指因员工离职而产生的费用支出（损失），它主要包括以下 4 个方面。

（1）离职前的员工由于工作效率降低而给企业带来的效益损失。

（2）企业支付给离职员工的工资及其他费用。

（3）由于岗位的空缺产生的问题，如可能丧失销售的机会和潜在的客户，可能需支付其他加班员工的工资。

（4）再招聘员工所花费的费用。

6．重置成本

重置成本是指在现时物价条件下，因重置某一特定人力资源而发生的费用支出，它包括职务重置成本和个人重置成本两种。

职务重置成本是从职位角度计量企业现时条件下取得和培训特定职位要求的人力资源所必须付出的费用支出，个人重置成本是从个人角度计量企业在现时条件下取得和培训具有同等服务能力的人力资源所必须付出的费用支出。

这种情况一般发生在当企业对录用的人员进行一段时间考核后，发现其不能胜任该工作岗位而由此使企业发生的所有费用，主要包括重新招聘的费用、企业为其提供的培训费用、企业工作效率的损失等。

人力资源规划使企业对人力资源的结构进行了有效的分析和研究。当企业了解人员的当前余缺、能力与岗位的匹配状况时，应尽快采取相应的措施，包括制订招聘计划、选择招聘渠道等，使企业有序地运行，尽量降低企业的用人成本。

3.3.2 成本预算的编制

招聘成本预算可按招聘阶段的费用情况来编制，具体如下。

1. 招聘准备阶段费用

招聘准备阶段费用预算包含会议讨论费、材料制作费、广告费、校园宣传费、参加招聘会的费用、办公费等。

2. 招聘实施阶段及费用

招聘实施阶段及费用如表 3-3 所示。

表 3-3　　　　　　　　　　　　招聘实施流程及费用

工作流程	参与者	时间（小时）	小时工资（元）
筛选简历，确定笔试人选	招聘人员	3	
	招聘经理	1	
笔试准备	招聘人员	1	
	招聘经理	1	
通知应聘者参加笔试	招聘人员	5	
笔试	招聘经理	2	
评卷	人力资源工作人员	7	
第一轮面试	招聘人员	90	
	招聘经理	90	
第二轮面试	招聘经理	45	
	部门经理	45	
第三轮面试	部门经理	7.5	
做出录用决策，通知应聘者	招聘人员	2	
合计			

3. 录用阶段费用

企业为校园招聘的储备管理人员支付旅途补助的费用。

4. 安置阶段费用预算

安置阶段的费用预算包括办公设备配置费用、入职培训费用、其他费用。

5. 招聘费用总预算

招聘费用总预算是招聘准备阶段、实施阶段、录用阶段和安置阶段中所花费的招聘费用的总和。

【微课堂】

1. 成功招聘一个员工的人均成本如何计算？
2. 如何提高招聘效率，降低招聘成本？

3.4 | 编制招聘计划书

在充分进行招聘需求分析的基础上，为保证招聘工作按时、按质、按量完成，人力资源部门招聘负责人一般会制订较完善的招聘计划。

3.4.1 招聘计划的编制流程

招聘计划的编制流程一般包括以下 7 个步骤，如图 3-2 所示。

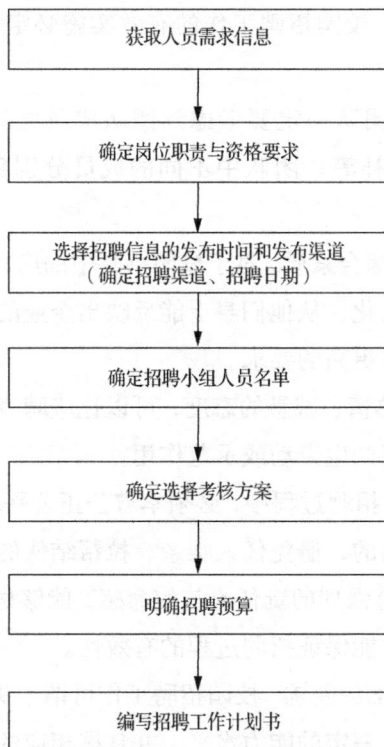

图 3-2 招聘计划的编制流程

其中，人员需求一般发生在3种情况下：一是人力资源计划中明确规定的人员需求信息；二是企业在职人员离职产生的空缺；三是部门经理递交的招聘申请，并经相关领导批准。

3.4.2　校园招聘计划的制订

校园招聘可以为企业补充新鲜血液，为企业的人才培养和人才梯队建设提供充足的人才来源。在编制校园招聘计划时，需重点做好以下4项工作。

（1）收集整理用人需求。人力资源部根据企业需要招聘的职位、企业规模、发展阶段等实际情况，制定具体的招聘时间、院校、人数及专业要求等，如表3-4所示。

表3-4　　　　　　　　　　　　　　校园招聘计划表

学校	专业	学历	计划招聘人数	日期

（2）确定并联系院校。在招聘前，应安排专人与学校取得联系，就校园招聘的有关事宜进行沟通与确认。

（3）确定招聘实施项目及费用。校园招聘费用预算是为吸引和确定所需的人员而支出的费用，主要包括差旅费、资料费等。费用要符合实际、切合需求。

（4）校园招聘团队的组建。校园招聘工作的有效实施必定依赖于一个高效而专业的招聘团队。

一个能力全面的校园招聘团队一定要考虑到团队成员之间的互补性，包括能力互补、知识互补、年龄互补及性别互补等。团队中不同的成员分别负责考查应聘者的不同能力和水平。

① 团队成员应具有良好的综合素质。对于校园招聘中的应届生应聘者来说，招聘人员的形象、行为代表着该企业及企业文化，从他们身上能反映出企业的特质，因此，企业对于招聘团队中招聘人员的综合素质应该有更高的要求。

a. 热情、诚恳。招聘人员热情、诚恳的态度，可以让应聘者感受到企业拥有良好的亲和力与可信赖性，在无形中对应聘者产生带动或示范作用。

b. 公正、公平。招聘人员在招聘过程中，必须本着公正公平的原则，一切从企业利益出发，以招聘优秀实用的人才为首要目的，避免任人唯亲、拉帮结伙的情况发生。

c. 有责任心。招聘人员要有强烈的责任心与使命感，能够尽心尽责、踏踏实实地做好校园招聘工作中的每一环节，这样才能保证招聘过程的有效性。

② 团队成员在技能技术方面的要求。校园招聘工作可谓千头万绪，事项繁杂且每个事项都很关键，需要招聘人员本身具备一定的能力水平，并掌握相应的招聘面试技术。

能力方面，校园招聘团队成员须具备的能力要求如表3-5所示。

表 3-5 招聘团队成员的能力要求说明表

能力	要求
表达能力	包括口头表达能力和书面表达能力。招聘人员需要与学校以及众多学生接触，会面对各种情况，需要通过谈话、文件等形式清晰地表达企业的需求
观察能力	招聘人员要能在短时间内了解应聘者的性格、才能等方面的信息，这需要丰富的经验积累与很强的观察能力
协调与沟通能力	在与校方合作以及与应聘者沟通的过程中，要求招聘人员具备良好的协调与沟通能力
自我认知能力	对于招聘人员而言，一定要避免主观臆断，对自我有一个健全、完整的认识，才能公正、客观地评判应聘者
不断完善自我的能力	由于校园招聘过程中的应聘者都是大学毕业生，招聘人员要及时适应年轻人的知识体系与文化观念，并有效地运用到招聘过程中

招聘面试技术方面，校园招聘团队成员应掌握的技术类别说明如表 3-6 所示。

表 3-6 招聘团队成员应掌握的技术要求说明表

技术	要求
人员测评技术	掌握人员测评的方法和手段，可以使招聘人员提升招聘技巧。常用的测评技术主要有：创造力测验、能力倾向测验、笔记测验、人格测验、兴趣测验、评价中心等
面谈技术	面谈不仅只是面试，还包括与应聘者进行的所有谈话。招聘人员只有掌握策略性的谈话技巧，才能突破应聘者的心理防线，从而为获取应聘者的真实信息奠定基础
观察技术	有经验的招聘人员往往善于通过观察应聘者的不同体态姿势、习惯性的动作等，来进一步了解应聘者的真实情况
测试题设计技术	由于校园招聘的特殊性，为准确地判断与选择应聘者，就要求招聘团队具有较强的对测试题的选择与设计技术，使其具有高针对性

（5）确定面试试题。校园招聘的最大特点是针对在校应届毕业生，因此在面试过程中考查的素质与有一定工作经验的应聘者是不一样的，校园招聘更看中毕业生的专业知识、人品、素质以及可培养潜质，对此，其面试题也会围绕这些方面来设计。图 3-3 所示为一份招聘面试题，仅供参考。

1. 自我评价一下您自己，包括最大的优点以及最大的缺点，另外您的朋友同学是怎么评价你的？
2. 在大学里您最喜欢的课程是什么？为什么？
3. 大学期间您参加过哪些活动，取得了哪些收获？
4. 谈谈在大学期间印象最深刻的、自己觉得最成功的事。
5. 您平时爱看什么书报杂志？
6. 您在生活、学习过程中有没有遇到过挫折？若有，是如何克服的？
7. 您对我们公司有什么认识？
8. 选择这份工作的动机，或者说这个职位最吸引您的是什么？
9. 作为应届毕业生，缺乏经验，您如何能胜任这份工作？
10. 您希望与什么样的上级共事？
11. 如果您应聘成功，未来3～5年的规划是怎样的？
12. 关于专业方面的问题，如从简历里选取一个较感兴趣的与专业技能有关的项目，让应聘者对此做介绍，并就其中的细节进行追问。

图 3-3 校园招聘面试题

下面是一则某企业校园招聘执行方案，仅供参考。

某企业校园招聘执行方案

一、校园招聘的实施说明

为做好____年应届本科生与研究生的招聘工作，结合企业战略发展对各类人才的需求，特制订本招聘执行方案。

二、校园招聘的目的

引进具有专业知识技能、符合企业战略发展需求的优秀应届毕业生，为企业发展补充新鲜血液、储备人力资源。

三、校园招聘的目标

本企业拟在校园招聘季（4～6月），力争招聘300名优秀毕业生。具体内容如下。

招聘目标

需求部门	岗位	院校及专业	学历	需求人数
研发部				
生产部				
营销部				

四、校园招聘小组及分工

组长：人力资源总监

副组长：招聘经理、用人部门经理

成员：招聘人员、用人部门指定员工

五、校园招聘时间安排

此次校园招聘的时间安排见下表。

校园招聘时间安排

网申	__月__日～___月__日
宣讲会	__月__日～___月__日
笔试	__月__日～___月__日
面试	__月__日～___月__日
入职	__月__日～___月__日

六、校园招聘实施

（一）招聘信息发布

企业选择在以下3个渠道上发布校园招聘信息。

1. 企业官网推广

在企业官网主页显要位置、企业官方微博发布校园招聘信息，设立校园招聘通道。

2. 招聘网站推广

通过主要招聘网站发布校园招聘信息，如智联招聘、前程无忧、应届生求职网等。

3. 热门平台推广

通过大学生较为集中的热门社交网络平台发布校园招聘信息，如×××、××××等。

（二）网上申请

1. 由企业人力资源部与技术部共同完成求职线上申请系统的建设工作，确保应聘毕业生能够通过企业官网完成线上申请。

2. ＿＿＿年＿月＿日通过企业官方网站开放校园招聘申请。

（三）校园宣讲

在招聘工作正式开始前播放事先准备好的资料片，以吸引更多的学生来观看。接着，由企业的招聘人员介绍企业的概况，内容主要包括以下几方面。

1. 企业创建初期的情况

2. 企业目前主要经营的业务

3. 企业目前的发展状况

4. 企业文化

5. 用人制度

此外，人力资源部还可让从宣讲高校毕业的优秀员工参与到校园招聘工作中来，以自己的成长经历作为事例进行校园宣讲。

在毕业生投递简历的同时，企业招聘人员会同时解答他们的问题。招聘人员在收简历的同时会向毕业生问一些问题，如"谈谈大学期间的一些主要社会实践活动并从中学到了什么？"招聘人员会根据毕业生的回答做出一次初步的简历筛选，通知进入第一轮考核的人员是计划招聘人数的400%。

（四）线上测评

1. 综合测评

综合测评侧重对应聘毕业生综合素质的测评，测评内容主要包含心理测试、逻辑推理、职业品质等方面。

2. 上机考试

上机考试是为了测试应聘毕业生是否具备申请岗位需要具备的基本操作技能，主要包括专业理论知识和专业技能知识等内容。

3. 面试通知

（1）通过电子邮件或短信通知未通过测试的应聘毕业生，并表示感谢。

（2）通过电话沟通的方式，邀请通过测试的应聘毕业生前往指定地点进行面试，并将面试流程及相关事项告知对方，面试通知见附件1。

（五）面试

1. 第一轮面试由人力资源部整体把握；第二轮面试由用人部门经理对应聘毕业生进行专业面试，面试时间控制在 60 分钟以内。

2. 面试官填写"面试评估表"（见附件 2）相应内容，并对应聘毕业生进行评分。

（六）发出录用通知

1. 根据面试考核结果，人力资源部门向被录用者发出录用通知。

2. 双方签订就业协议

（七）后期跟进

1. 招聘人员与被录用员工进行定期沟通，以确认是否出现异常变化，以便企业安排入职培训和上岗事宜。

2. 企业官方微博不定期地更新企业信息，如企业业务动态、团队活动等，以便被录用员工增进对企业的了解。

七、校园招聘资源配置

（一）人员配备情况

1. _____地区

由人力资源总监担任负责人，宣讲团队 3～4 人。

2. _____地区

由用人部门负责人负责，宣讲团队 2～3 人。

（二）物资配备

宣传海报____张，易拉宝____个，笔记本电脑____台，企业宣传册____本。

八、附件

附件 1

面试通知

尊敬的_____同学：

您好！

您已经通过我企业的上机考试，现诚邀您到 ABC 企业进行面试。

面试时间：____年__月__日__时

面试地点：_____

面试流程：_____

面试时需要准备的资料：1. ____ 2. ____ 3. ____ 4. ____ 5. ____

住宿地点：_____

往返交通费请持有效凭证原件于____年__月__日前提交至_____电话：×××—××××××××

ABC 企业期待您的加入，ABC 的明天会因您更加美好。

ABC 企业人力资源部
____年__月__日

附件 2

面试评估表

姓名		院校及专业		应聘职位	
项目		结果			得分
专业 能力					
学习 能力					
职业 素养					
面试人：				日期：____年__月__日	

3.4.3 现场招聘计划的制订

在制订现场招聘计划时，一项重要的工作就是对招聘会现场的安排，其主要步骤如下所示。

1．准备展位

为了吸引应聘者，参加招聘会的关键是在会场设立一个有吸引力的展位。如果有条件，可以争取选择一个尽量好的位置，并且占有一个比较大的空间。

在制作展台方面，最好请专业企业帮助设计，并且要留出富余的时间，以便可以对设计不满意的地方进行修改。在展位的一角，可以设计一个相对安静的区域，招聘人员可以和一些有必要进行较详细交谈的应聘者在该区域进行交谈。

2．准备资料和设备

在招聘会上，通常可以发放一些宣传品和招聘申请表，这些资料需要事先印制好，而且要准备充足的数量，以免很快发完。有时在招聘会的现场需要用到计算机、投影仪、电视机、放映机、录像机、照相机等设备，这些都应该事先准备好，并且要注意现场是否有合适的电源设备，其他要用到的资料、设备也要在会前一一准备好。

3. 招聘人员的准备

参加招聘会的现场人员最好有人力资源部的工作人员，也要有用人部门的工作人员，所有现场工作人员都应该做好充分的准备。这些准备首先包括要对应聘者可能会问到的问题了如指掌、对答如流，并且所有人在回答问题时口径要一致。另外，招聘人员在招聘会上要着正装，服饰要整洁大方。

4. 与协作方沟通联系

在招聘会开始之前，一定要与协作方进行沟通，其中协作方包括招聘会的组织者、负责后勤事务的单位，还可能会有学校的负责部门等。在沟通中，一方面了解协作方对招聘会的要求，另一方面提出需要协作方提供帮助的事项，以便提早做准备。

5. 招聘会的宣传工作

如果是专场招聘会，会前要做好宣传工作，可以利用报纸、广告等媒体，或者在自己的网站上发布招聘会信息。

6. 招聘会后的工作

招聘会结束后，一定要用最快的速度将收集的简历整理好，通过电话或电子邮件的方式与应聘者取得联系。因为一般应聘者都在招聘会上给很多家企业投递了简历，反应速度比较快的企业会给应聘者留下管理效率较高的良好印象。

3.4.4 海外人才招聘计划的制订

海外招聘是外部招聘的方法之一，即企业为了满足发展的需要，通过一定的方法，有针对性地招聘海外人才的过程。

关于海外人才招聘计划的制订，下文重点对其中的4点内容进行介绍。

（1）招聘岗位分析。分析岗位对人才的需求，海外人才市场与国内人才市场已成为企业在招聘人才时的两个重要市场。为什么要选择海外市场，这是通过岗位分析得出的结论。

下面是某企业通过岗位分析确定的需要人才的选择标准。

① 职位的候选人必须具备世界著名大学相关专业的博士研究生学历，在相关领域的机构任职并具有担任大型项目负责人的经验。

② 在本领域有丰富的研究成果和国际领先的专有技术。

③ 熟悉中国市场。

（2）选择招聘渠道。从目前海外人才的引进方式来看，海外招聘渠道有现场招聘、业内推介、网上投递简历、猎头与国际上的学术团体等，通过这些渠道来收集更多的高层次人才信息，帮助企业有针对性地物色高层次人才。

（3）确定招聘实施人员。从目前来看，企业负责海外招聘的人员主要是高层主管、人力资源部负责人，甚至由企业总裁亲自参与。

（4）明确甄选方式与考核内容。企业人力资源部需结合招聘岗位的内容，来确定合适的考核内容及方式。此外，在这一环节，还需考虑招聘对象所在区域等因素。

【微课堂】

　　根据业务发展需要，G 公司决定通过海外招聘的方式，在本年度引进五名高级研究人才。请问，在人才引进过程中，G 公司应注意哪些方面的问题呢？

复习与思考

1. 招聘成本的内容包含哪些？
2. 请简述招聘计划的编制流程。
3. 校园招聘与社会招聘有哪些区别？
4. 如果按照流程编制，招聘流程中每个阶段的费用包含哪些方面？

知识链接

数字面试

　　数字面试利用数字化机制，将传统的只能依靠面对面交流进行的面试数字化，可以通过声音、视频、信息相互传输等方式进行面试，是通过声音、视频、媒介传输等数字化方式来进行的所有面试行为的统称。

技能实训

实训内容	编制一份招聘计划书

情况简介：Z公司是一家从事网络程序开发的企业，目前有员工100人，计划今年招聘工程师10名，人事1名，财务2名。请根据所需人员、岗位特点，编制一份合理的企业招聘计划。

一、岗位需求明细

略。

二、招聘方式及招聘费用预算

略。

三、招聘小组构成

略。

四、招聘实施阶段

略。

五、招聘注意事项

略。

招聘广告的撰写 | 第4章

【本章知识导图】

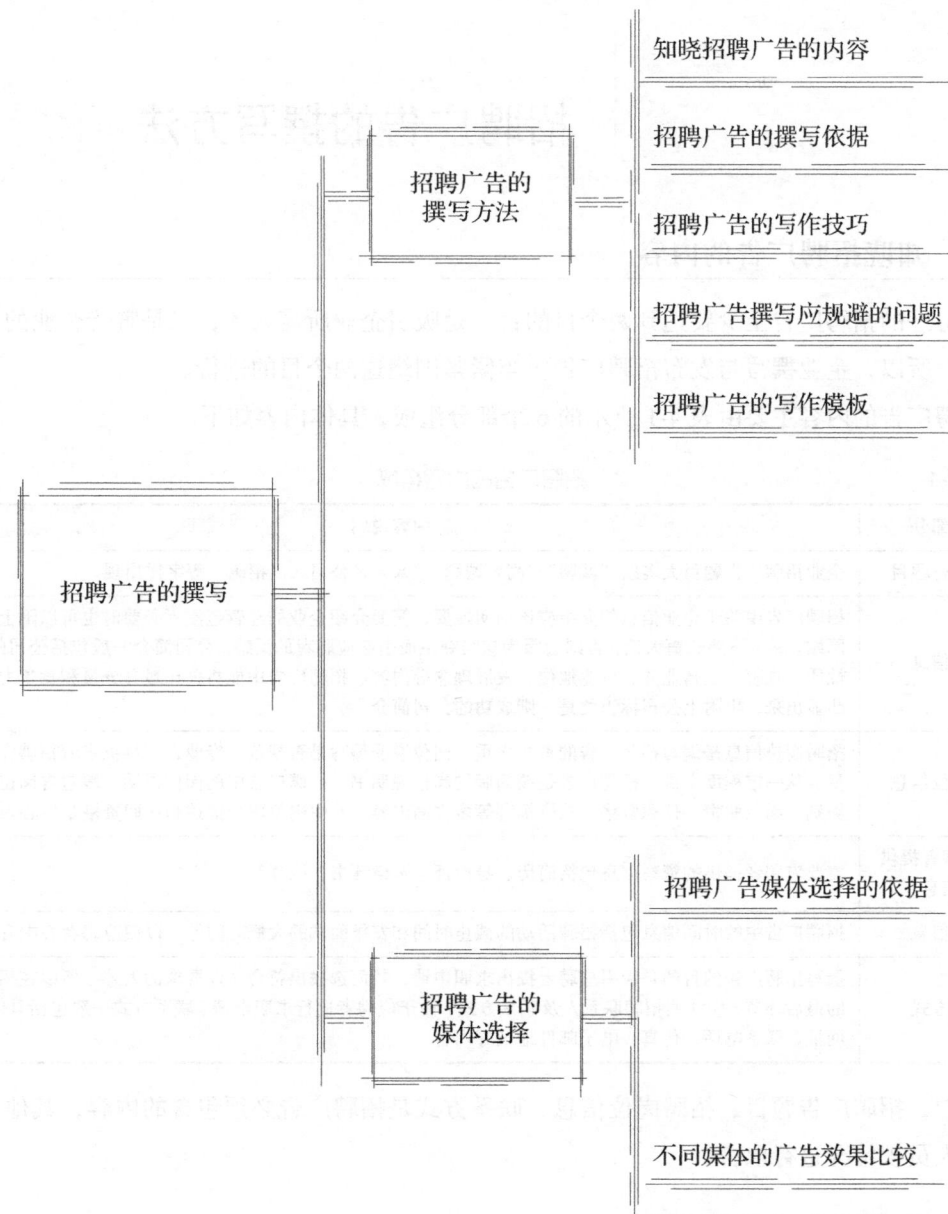

```
                                          ┌─ 知晓招聘广告的内容
                                          │
                                          ├─ 招聘广告的撰写依据
                            ┌─ 招聘广告的  │
                            │   撰写方法  ──┼─ 招聘广告的写作技巧
                            │             │
                            │             ├─ 招聘广告撰写应规避的问题
                            │             │
                            │             └─ 招聘广告的写作模板
           招聘广告的撰写 ──┤
                            │
                            │             ┌─ 招聘广告媒体选择的依据
                            │   招聘广告的 │
                            └─   媒体选择 ─┤
                                          │
                                          └─ 不同媒体的广告效果比较
```

【学习目标】

职业知识	• 明确招聘广告撰写的依据及内容 • 明确各类招聘广告媒体的特点
职业能力	• 能够合理运用招聘广告撰写的技巧编写恰当、规范的招聘广告 • 能够根据企业招聘的需要选择合适的招聘广告媒体
职业素质	熟悉所在行业的招聘特点、具备较强的语言表达能力和沟通能力

4.1 招聘广告的撰写方法

4.1.1 知晓招聘广告的内容

一份好的招聘广告至少要达到两个目的：一是吸引企业所需人才；二是宣传企业的价值观与形象。所以，企业撰写与发布招聘广告应当紧紧围绕这两个目的进行。

招聘广告的内容主要由表4-1所示的6个部分组成，具体内容如下。

表4-1 招聘广告的内容构成

组成部分	内容说明
招聘广告题目	企业招聘广告题目大多以"诚聘""高薪诚聘""×××公司人员招聘"等字样出现
企业信息	招聘广告中关于企业信息的介绍应该简明扼要，简要介绍企业的经营范围，必要时也可以附上企业的网站。尽量不要长篇大论，否则会因为喧宾夺主而引起应聘者的反感。公司简介一般包括公司的全称、性质、规模、主营业务、行业地位、发展理念等内容。招聘广告中能将公司最具分量和竞争力的优势凸显出来，再附上公司标识便是一则成功的公司简介
招聘岗位信息	招聘岗位信息是编写招聘广告的重中之重，岗位说明编写是否规范、专业，直接决定着招聘广告的质量。从一定程度上讲，招聘广告是精简版的岗位说明书。招聘广告中的岗位说明一般包含岗位性质、类别、岗位职责、任职资格、薪资福利等多方面内容，其中岗位职责描述和任职资格是核心内容
需要应聘者提供的信息	需要应聘者提供的资料信息包括简历、身份证、资格证书、照片等
时间信息	招聘广告中的时间信息包括招聘活动的截止时间和安排面试的大概时间等，以使应聘者心中有数
联系方式	撰写招聘广告的目的是吸引应聘者提出求职申请，从而选拔出符合企业要求的人才，所以在招聘广告的最后环节，应注明招聘联系人及联系方式，便于应聘者进行求职申请。联系方式一般包括具体地址、网址、联系电话、传真、电子邮件地址等内容

其中，招聘广告题目、招聘岗位信息、联系方式是招聘广告必须包含的内容，其他内容可由招聘人员视情况进行取舍。

4.1.2 招聘广告的撰写依据

企业招聘广告应以招聘岗位的要求和选择的广告媒介为依据进行撰写，以保证招聘广告的效果。

1. 依据一：招聘岗位的要求

不同岗位在企业中的地位和作用不一样，任职资格也不尽相同。在撰写招聘广告时，招聘人员需要按照岗位要求进行广告内容和形式的设计，要突出企业及岗位的特点，吸引相关应聘者的关注。

依据招聘岗位要求撰写招聘广告的要点包括：岗位工作内容、任职资格、薪酬福利待遇、职业发展等。

2. 依据二：选择的广告媒介

招聘广告可以通过电视、报纸、杂志、宣传册、招聘网站等诸多媒介进行发布。通过不同媒介发布的招聘广告包含的重点应有所区别，详情如图 4-1 所示。

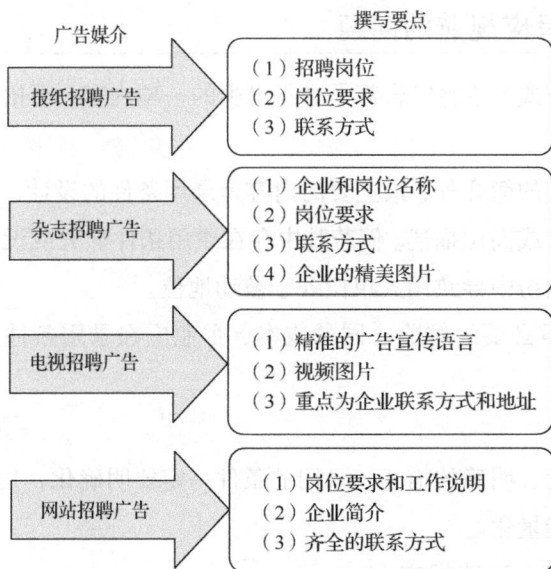

图 4-1　企业在不同媒体发布广告的撰写要点

4.1.3　招聘广告的写作技巧

招聘广告的设计应力求达到 4 个要求，即吸引注意（Attract Attention）、激发兴趣（Develop Interest）、创造愿望（Creat Desire）、促进行动（Promote Action）。

1. 吸引注意

这是从招聘广告设计的总体效果来说的。在多数的媒体上，大部分的广告都是批量发布的。广告设计如果没有特色，就很容易淹没在其他的广告中而不能引起应聘者的注意。招聘广告引人注目的方法包括醒目的字体、与众不同的色彩、显眼的位置等，最醒目的内容应是企业最具吸引力之处，如企业的名字、企业的标识、招聘的岗位、待遇条件、工作地点等。

2. 激发兴趣

要引起应聘者对工作的兴趣，可以通过具有吸引力的广告词来实现。例如，"你将投身于一项富有挑战性的工作""你将步入一个前景无限的行业"等，也可以通过其他具有吸引力的内容来实现，如工作地点、丰厚的报酬等。

3．创造愿望

创造愿望比激发兴趣更进一步，不仅要使应聘者有兴趣，而且要有得到工作的愿望。这可通过针对应聘者的需求，列举企业能够提供的条件，如工资、福利、职位、培训机会、晋升机会、住房条件、出国机会等来达到。

4．促进行动

招聘广告要向应聘者提供联络方法，包括联系电话、通信地址、企业网址等，同时用一些具有吸引力的话促使应聘者迅速采取行动，如"今天就打电话吧""请尽快递交简历""我们期待您的加入"等。

4.1.4　招聘广告撰写应规避的问题

撰写招聘广告要
注意的问题

无论采用哪种招聘方式，招聘广告都是必不可少的一项内容，而招聘广告的内容十分重要。

招聘广告中除了企业的简介外，最主要的内容是录用条件的设计，也就是我们通常所说的岗位要求或岗位描述。倘若其中存在录用条件缺失或设计存在缺陷，很可能在将来的纠纷中导致用人单位处于被动地位。

为了防止企业支出不必要的解除合同的成本，企业应在录用条件设计上做好以下两方面工作。

1．明确录用条件

对录用条件进行清楚、明确的描述。录用的条件一定要明确化，切忌使用笼统和抽象的描述，能量化的条件尽可能量化。

2．设置的条件应符合法律规定

一个好的招聘广告，能准确地将企业的人才需求传递给应聘者，适时地为企业招聘到合适的人才，也为以后的劳动关系管理与员工胜任发展等方面奠定良好的基础。

但是，一个有缺陷甚至是不符合规定的招聘广告，常常会为企业带来高离职率，甚至是劳动纠纷。为了避免招聘广告可能带来的法律风险，招聘人员在拟订招聘广告时，至少应注意表4-2所示的两个方面的内容。

表4-2　　　　　　　　　　　招聘广告撰写需规避的问题

项目	内容说明
就业歧视	岗位工作内容并不具备性别特点时，招聘广告中提出明确的性别要求
	岗位工作内容并不与婚姻状况有关联时，在招聘广告中提出明确的有关婚姻状况的要求
	在招聘广告中，限制应聘者的民族
	在招聘广告中，限制户籍地、户籍性质
	在招聘广告中，对不需要特殊健康要求的岗位，提出与法律法规规定不符的健康要求
不能涉嫌欺诈	指故意告知对方虚假情况或故意隐瞒真实情况，诱使对方做出错误的意思表示

4.1.5 招聘广告的写作模板

招聘广告写作的过程就是创造的过程，一个好的招聘广告能够收到事半功倍的效果。下文是一则招聘广告，有助于读者掌握招聘广告的写作形式，领悟招聘广告的写作技巧。

某公司诚聘

某公司是中国家电行业领先者之一，主要从事家电产品的研发、生产与销售，公司经过五年的高速发展，已成为国内外知名的家电生产企业，产品远销 30 多个国家，员工 6 万多名。由于业务发展需要，公司现诚聘英才！

职位：大客户经理（招聘人数：3 人，工作地点：深圳）

任职资格：

1. 专科以上学历，具有 1 年以上销售经验；

2. 具备良好的沟通和管理能力；

3. 做事认真、细致；

4. 薪酬：8 万～10 万元/年

职位描述：

1. 负责家电业务的推广、维护；

2. 与公司内部物流部对接，安排发货；

3. 与公司内部市场部和采购部对接，安排相关事宜；

4. 完成公司领导安排的其他工作。

我们有公平、公正的人员选拔和晋升机制！

我们渴望优秀的您加盟我们公司，如果您有梦想，如果您想实现人生价值，如果您想有职业发展平台，请联系我们！

通信地址：   邮编：

电话：   传真：

联系人：   E-mail：

【微课堂】

招聘是企业用工管理的一个重要环节，招聘广告的撰写则是招聘过程中必不可少的一项内容。撰写的招聘广告是否恰当、规范，很大程度上影响着应聘者对该招聘企业的认可度，进而影响企业招聘效果。那么，撰写一个恰当、规范的招聘广告应注意哪些方面的问题呢？

4.2 | 招聘广告的媒体选择

招聘广告的媒体选择不是随意的，招聘负责人员应该根据拟招聘岗位的特点、成本要求等，结合各种招聘媒体自身的特点，来做具体的媒体选择。

4.2.1 招聘广告媒体选择的依据

招聘广告是企业从外部招聘人员最常见的方法之一。使用广告招聘人员重点需要考虑两个问题：一是招聘广告媒体的选择；二是招聘广告设计。

企业可选择的广告媒介很多，如电视、广播电台、报纸、期刊、网站、广告散页等。每种媒体都各有利弊，企业在选择时，要综合考虑空缺岗位、广告价格、潜在应聘者所在的地域、工作特性等因素。

在所有这些媒体中，网站凭借其传播速度快、范围广、查询方便等特性，受到企业的青睐。在媒体选择上的另外一个趋势，就是在自己的企业主页上做广告，许多企业都在主页上开辟了"职业机会""诚聘英才"等模块，这样企业就可以把招聘信息放在主页上供应聘者查询，这对那些知名度较高、主页访问量较大的企业，也是一种很好的选择。而新媒体、社交平台目前也是很多企业常选择的媒体。

在选择不同的媒体时，首先要了解不同的媒体在哪些人群中的利用率最高，如根据我国的相关调查，广播在信息传播方面的地位已经越来越低，互联网新媒体成为人们获取信息的重要渠道。通过了解不同地区、不同性别、不同学历、不同职业的人喜欢接触的媒体种类，企业再决定采用什么广告方式，这种"有的放矢"的做法，能提高招聘的广告效益。

因此，在招聘不同员工时，企业应该预测到通过什么样的媒体才能够将招聘信息传递到哪一类人群中，而对于从哪一类人群中企业最有可能招聘到最合适的人员，企业也应该做到心中有数。这样，就能够选择到最合适的招聘广告媒体。

选择了在哪种媒体上发布招聘广告之后，企业还需要选择具体媒体进行广告。因此，企业还应该对国内不同的报纸、杂志、电视台的发行量及读者（观众群）的情况有所了解，这样在选择具体媒体时才会心中有数。

与选择什么范围的劳动力市场一样，一般来说，对于高级管理和技术人才的招聘，应在全国性的媒体上发布广告；而对于中级管理和技术人员的招聘，应在区域性的媒体上发布广告；招聘一般的技术、服务和操作人员，在地方性的媒体上发布广告即可。

4.2.2 不同媒体的广告效果比较

常用于发布招募信息的广告媒介有电台、电视、报纸、杂志、网站、相关论坛或新媒体等，它们各有特点，在选择时，企业应根据自身条件加以确定。为了便于大家对比分析，我们在表4-3中对部分媒体的广告效果做了概述。

表 4-3 不同媒体的广告效果比较

媒体	特点
广播电视	1. 招募信息让人难以忽略 2. 可传达给一些并不很想找工作的人 3. 创造的余地大，有利于增加吸引力 4. 达到自我形象宣传的目的 5. 缺乏永久性 6. 为无用的传播付钱
报纸	1. 广告大小弹性可变 2. 传播周期短 3. 可以限定特定的招募区域或特定的传播渠道 4. 分类广告为求职者与供职者提供方便 5. 容易被人忽略
杂志	1. 印刷质量好 2. 保存期长，可不断重读 3. 广告大小弹性可变 4. 专业性的杂志较多，因此企业可将信息传递到特定的职业领域 5. 难以在短时间里达到招募效果 6. 地域传播较广
网站	1. 广告制作效果好 2. 信息容量大，传递速度快，但容易被忽略 3. 可统计浏览人数 4. 可单独发布招募信息，也可以集中发布 5. 地域传播广 6. 无法传达到不具备上网条件或没有计算机使用能力的应聘者群体
相关论坛或新媒体	1. 针对性强 2. 信息传递速度快，但容易被忽略 3. 信息反馈速度快 4. 花费的人力和时间比较多 5. 若发布信息的人在论坛或新媒体的被认可度低，则发布的招聘信息诚信度也会比较低

【微课堂】

1. 请谈谈不同广告媒体对广告效果的影响。
2. 在对企业的高级管理人员进行招聘时，应在哪些平台上发布招聘广告？

复习与思考

1. 招聘广告一般包括哪些内容？
2. 在选择招聘广告媒体时，有什么依据？
3. 现在经常应用的招聘广告媒体有哪几种类型？各自的特点是什么？

知识链接

招聘管理移动化

移动互联网技术的发展，使企业的招聘渠道也在发生改变。未来企业宣传、招聘广告、招聘信息的发布不再仅限于 PC 互联网，而更多是利用移动互联网的各种终端。

为应对这一变化，企业需要更多采用新技术、新方法提高招聘的效率。招聘移动化成为一个新的管理趋势。

而对于企业来说，在招聘移动化过程中最大的挑战就是如何将完整的招聘工作流程搬到移动互联网上，并利用移动端的优势提供优质的用户体验。

技能实训

实训内容	设计一则招聘广告

情况简介：小李是一家公司的招聘专员。最近公司需要招聘一个网站 UI 设计师，主管将此任务交给小李，让他撰写一则招聘广告，以便在进行网络招聘时使用。

公司简介：（略）

招聘职位：网站 UI 设计师

岗位职责：

任职要求：

薪资福利：

联系方式：

【本章知识导图】

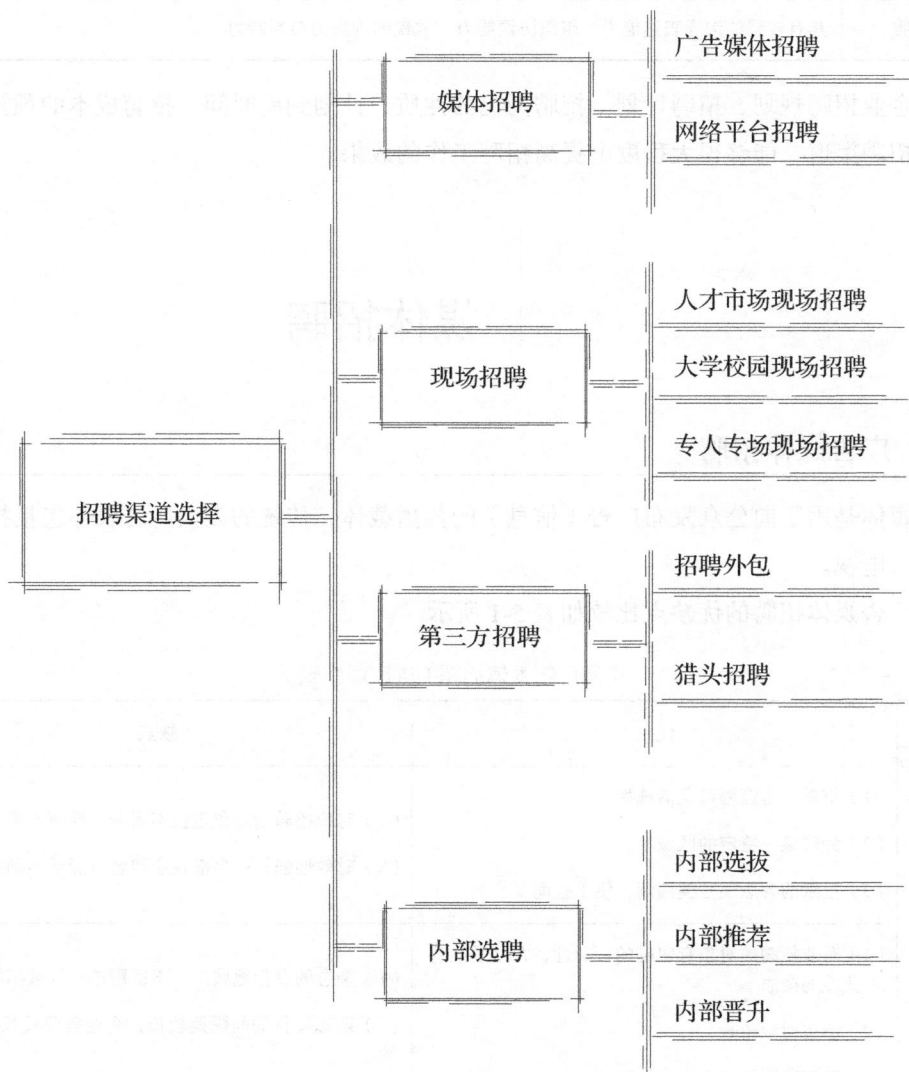

```
                                          ┌─ 广告媒体招聘
                          ┌─ 媒体招聘 ─────┤
                          │               └─ 网络平台招聘
                          │
                          │               ┌─ 人才市场现场招聘
                          │               │
                          ├─ 现场招聘 ─────┤─ 大学校园现场招聘
                          │               │
          招聘渠道选择 ────┤               └─ 专人专场现场招聘
                          │
                          │               ┌─ 招聘外包
                          ├─ 第三方招聘 ───┤
                          │               └─ 猎头招聘
                          │
                          │               ┌─ 内部选拔
                          │               │
                          └─ 内部选聘 ─────┤─ 内部推荐
                                          │
                                          └─ 内部晋升
```

【学习目标】

职业知识	• 了解各类招聘渠道的优缺点
	• 熟悉不同招聘渠道和方式的优缺点及适用情境
职业能力	• 掌握并能运用现代企业人员招聘的流程、方法与技巧
	• 能够结合招聘工作的特点提出招聘渠道选择的建议
职业素质	具有较强的沟通表达能力、组织协调能力、敏锐的观察力与判断力

　　根据企业招聘规划、招聘计划、招聘岗位的性质、计划到岗时间、招聘成本的预算等，选择合适的招聘渠道，能够很大程度上提高招聘工作的效果。

5.1 | 媒体招聘

5.1.1　广告媒体招聘

　　广告媒体是用于向公众发布广告（信息）的传播载体，传统的四大广告媒体包括报纸、杂志、广播、电视。

　　不同广告媒体招聘的优缺点比较如表 5-1 所示。

表 5-1　　　　　　　　　　　　　不同广告媒体招聘的优缺点比较

媒体类型	优点	缺点
报纸	（1）招聘广告篇幅可灵活选择 （2）针对某一特定的区域 （3）报纸的各版块分类编制，便于查询	（1）对拟招聘的对象定位不明确、界限不明 （2）时效性强，很多潜在应聘者可能看不到招聘信息
杂志	（1）对要招聘的对象有明确的针对性，尤其是某些专业性的杂志 （2）杂志时限较长 （3）杂志印刷质量好，显档次	（1）杂志的发行地域广，不适用单一区域招聘 （2）杂志发行的间隔期较长，企业需要较长的广告预约期
广播、电视	（1）可以锁定某一地区的应聘者 （2）能更好地渲染气氛，激发应聘者的求职欲	（1）传递的信息不如报纸、杂志丰富，且缺乏持久性 （2）发布招聘信息所需成本较高

　　由于上述不同媒体各有优缺点，企业计划通过媒体发布招聘广告后，在选择媒体时至少应注意以下 3 个方面的问题，如图 5-1 所示。

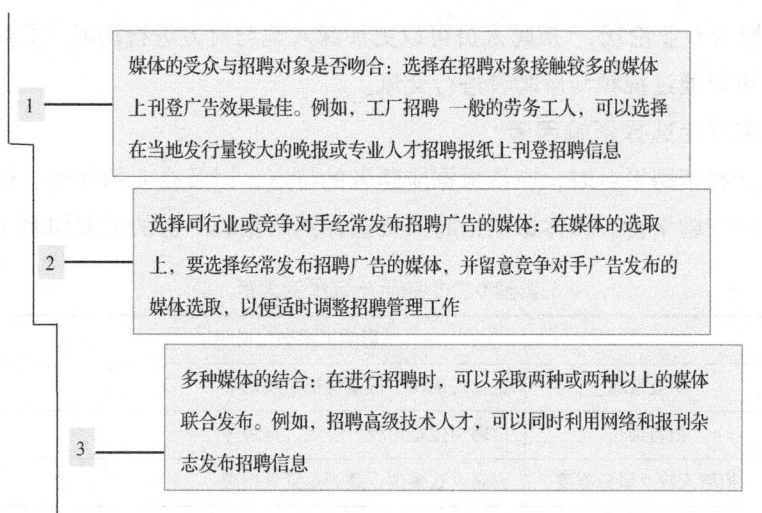

1	媒体的受众与招聘对象是否吻合：选择在招聘对象接触较多的媒体上刊登广告效果最佳。例如，工厂招聘 一般的劳务工人，可以选择在当地发行量较大的晚报或专业人才招聘报纸上刊登招聘信息
2	选择同行业或竞争对手经常发布招聘广告的媒体：在媒体的选取上，要选择经常发布招聘广告的媒体，并留意竞争对手广告发布的媒体选取，以便适时调整招聘管理工作
3	多种媒体的结合：在进行招聘时，可以采取两种或两种以上的媒体联合发布。例如，招聘高级技术人才，可以同时利用网络和报刊杂志发布招聘信息

图 5-1　企业选择招聘媒体时的注意问题

5.1.2　网络平台招聘

1. 网络招聘平台的主要类型

网络招聘平台是企业招聘工作管理人员实施网络招聘的场所，主要有网站招聘平台，聊天工具招聘平台，微博、专业论坛招聘平台等，其中网站招聘平台是最常用的招聘平台。

（1）网站招聘平台。网站招聘平台主要有两种，一种是专业的人才招聘网站，一种是企业自身的招聘网站，具体如下。

① 人才招聘网站。人才招聘网站一般分为综合性招聘网站和专业性招聘网站，具体说明如表 5-2 所示。

表 5-2　　　　　　　　　　　　　　　人才招聘网站说明表

类型	类型说明
综合性招聘网站	此类网站是一种"大而全"的招聘平台，应聘者面对这样的网站不得不采用"撒网"的形式进行简历投递，所以，招聘人员所面临的简历甄选工作量较大
专业性招聘网站	专业性招聘网站比综合性招聘网站更具有针对性，可以减轻招聘人员的简历筛选工作量，有效提高招聘工作的效率，如招聘"建筑设计""医疗器械"等行业人才，招聘人员就可以选择对应的专业网站

② 企业自身网站。企业自身网站即企业在自己的网站上加入"招聘"模块，应聘者进入企业的网站就可以看见该企业的招聘信息。很多大中型企业通常会在"校园宣讲会"后要求应聘者先到企业的网站上进行"网申"，然后通过性格及心理测验等筛选应聘者。

（2）聊天工具招聘平台。聊天工具招聘平台主要包括 QQ 群、微信群等。通过 QQ、微信等即时聊天工具，招聘人员可以在已有的群组中发布招聘广告，告知群组成员本企业的招聘岗位及招聘要求等，有意向的应聘者就会向招聘人员询问关于招聘的相关事宜。

（3）微博、专业论坛招聘平台。微博、专业论坛等招聘平台得到了越来越多企业招聘人员的青睐。通过微博与专业论坛，招聘人员可以更加深入地与对方进行沟通，了解应聘者更多的信息，必要时，可以通过视频与应聘者进行交流。

2. 网络招聘平台选择影响因素

招聘人员在选择招聘平台时，应该根据应聘者的特点，以及企业的规模、行业特征、属地等因素选择合适的招聘平台。具体影响招聘人员选择网络招聘平台的因素如表5-3所示。

表 5-3　　　　　　　　　　　影响网络招聘平台选择的因素

影响因素		影响因素细化说明
企业招聘因素	企业性质	企业的规模、行业特征、属地等
	招聘岗位	招聘岗位是初级、中级、高级等
	招聘人数及紧急程度	招聘人数多少，是否是紧急招聘
	招聘预算	招聘费用预算是多少，用于网络招聘的预算又是多少
网络平台因素	网络平台特色	网络平台的行业特色、知名度、应聘者特色
	网络平台产品	网络平台除招聘外是否提供额外产品，如薪酬水平分析等
	网络平台服务	网络平台服务水平高低、业界口碑
	网络平台价格	网络平台的价格水平，是否提供免费服务

【微课堂】

　　　　北京某生物药业股份有限公司是国内生物制药行业中迅速发展起来的一家集开发、生产和销售于一体的公司，现因业务发展需要，急需中高级人才的加盟。具体招聘以下人员：生产部副经理1名、专业技术人员5名、销售人员10名。现公司在招聘网站上发布了招聘信息，并且在当地的报刊上刊登了招聘广告。请问，该公司的招聘渠道选择是否合理？请说明理由。

5.2

现场招聘

现场招聘是一种企业和人才通过第三方提供的场地进行直接面对面的对话，现场完成招聘面试的一种方式。现场招聘一般包括招聘会及人才市场两种方式。人才市场与招聘会相似，但是招聘会一般为短期集中式，且举办地点一般为临时选定的体育馆或者大型的广场，而人才市场则是长期分布式，同时地点也相对固定。

招聘人员可根据企业内的人才需求层次和类型选择不同的现场招聘形式。大部分招聘会都具有一定的针对性。招聘中基层管理人员或专业技术人员可选择一些有针对性的招聘会；招聘储备及培养的人才可参加针对应届毕业生的现场招聘会；招聘基层操作人员可参加人才市场组办的专场招聘会等。

5.2.1 人才市场现场招聘

1. 参会准备

在开展招聘会招聘前，招聘人员的首要任务是筛选招聘展会。为确保招聘展会筛选效果，招聘人员应了解招聘展会信息的获取渠道，掌握招聘展会筛选的标准，熟悉参展合同的签订流程。

（1）招聘展会的筛选标准。在筛选招聘展会时，招聘人员一般会从以下几个方面予以考虑。

① 招聘展会的类型。招聘展会一般可分为行业专场、综合人才、高级人才等类型，参加招聘会前，招聘人员要先了解招聘展会的行业和性质，以免和自己要找的岗位不对口造成时间和金钱的浪费。

具体招聘展会的主要类型如图 5-2 所示。

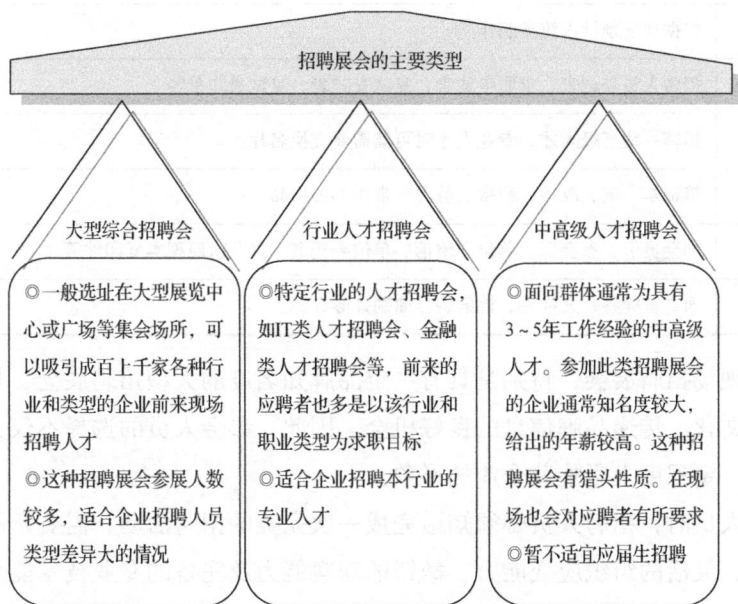

图 5-2　招聘展会的主要类型

② 招聘展会在当地的影响力。在筛选招聘展会前，招聘人员要了解该展会在当地的影响力。这直接影响到招聘会的效果。

③ 招聘展会的特色。在筛选招聘展会时，招聘人员还应对招聘展会的特色进行比较，选择性价比高的招聘展会。具体来说，招聘人员可从图 5-3 所示的 7 大方面比较招聘展会。

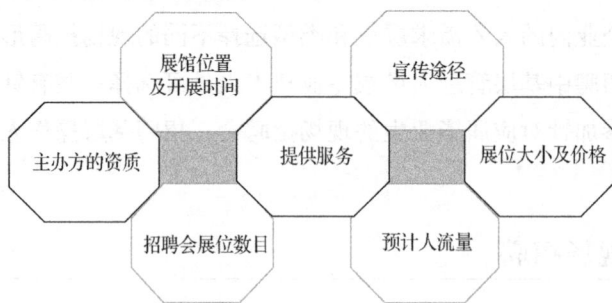

图 5-3　对招聘展会进行比较的内容分析

在参加招聘展会前，招聘人员应做好充足的准备，这样才能做到有备无患，确保招聘展会现场有条不紊。

（2）会前相关事项准备。具体招聘展会前需准备的事项如表 5-4 所示。

表 5-4　　　　　　　　　　　　　　招聘展会前需准备的事项

准备的事项	具体说明
易拉宝、海报	如果认为招聘展会主办方提供的统一规格的海报不能满足企业招聘或形象展示需要，企业可自行制作、携带易拉宝、海报，但是规格尺寸要符合招聘会主办方的要求，不能影响到其他参展单位的展示，有特殊要求的应提前与主办方协调沟通
宣传彩页	根据现场预计人流量制作
相关表单	招聘人员登记表、求职申请表、复试安排表、复试通知单等
招聘人员的名片	招聘一些高级人才、专业人才时可能需要交换名片
办公用品	笔记本、笔、胶棒、胶带、剪刀等常用办公物品
参会凭证	如会员卡、参会证、单位介绍信、单位委托书、营业执照副本复印件等
其他用品	面试官标签、文件夹、档案袋、曲别针等

此外，参加现场招聘展会，特别是具有一定品牌知名度的大型招聘展会，是企业展示雇主形象、宣传企业文化、传递品牌信息的良好机会。因此，参会人员的选择不仅关系到最终的招聘效果，甚至在一定程度上影响着企业的形象。

在选择参会人员时，招聘人员必须知道完成一次完美的招聘活动，需要招聘人员具有良好的沟通交流能力、灵活的组织应变能力、敏锐的观察能力及完备的专业技术能力等。但是，一个人很难同时具备以上多种能力。所以，在确定参会的招聘人员时，就应以发挥所长、互补互促为基本出发点，组织不同类型、不同特长的人员组成招聘团队。

2. 参加现场招聘

（1）接收简历。参加招聘展会当天，所有参会人员的一项重要工作就是尽可能地接收大量的有效简历，为后续的人才甄选提供足够的人力资源储备。

（2）现场洽谈。现场洽谈虽不是招聘会的必经程序，但若时间、条件允许，进行现场洽谈会大大提高企业招聘效率。

现场洽谈的时间应视应聘者人数、参会人员人数等而定，一般应做到合理分配、灵活应变。招聘会现场一般人数较多，因此不可能像企业组织的统一面试那样人人都询问一系列的问题，正常情况下参会人员可对基本符合招聘需求、简历有疑问的应聘者进行详细询问，而对一般应聘者可视情况简单询问，做出基本判断即可。

通过现场洽谈，参会人员可对应聘者的语言表达能力、沟通能力、逻辑思维能力、分析能力、职业倾向等进行考查，从而判断出关于某一应聘者是否初步符合企业要求，进而将其简历归类为有效简历一类，将其优先作为下一步跟进及面试安排的人选。

（3）会后跟进。招聘展会结束后，招聘人员应及时开展会后跟进工作。

① 对简历进行整理与归档。招聘展会后，招聘人员应将全部接收到的简历进行整理并录入简历库，将合适的简历进行存档。

② 筛选简历。招聘人员根据面试岗位、面谈初步评价等进行分类、筛选，也可将部分简历转送到用人部门审阅，从而确定最终面试人员名单。

③ 跟踪联系，邀约面试。即招聘人员与初步筛选合格的应聘者邀约面试时间并跟踪联系，对不符合需求的应聘者，表示感谢。

④ 面试跟进。面试结束后，招聘人员应随时与面试人员保持联系，确定其动态。当面试结果确定后，招聘人员应及时发送录用通知，并与拟录取人员敲定入职时间。

⑤ 总结汇报。最后招聘人员应就本次招聘展会的过程、效果、经验、不足、改善措施等进行总结，并上报给相关领导。

5.2.2 大学校园现场招聘

校园招聘是企业招聘人员的主要渠道之一，跟社会招聘相比，校园招聘有许多优势，如学生的可塑性强，选择余地大，候选人专业多样化，可满足企业多方面需要等。

1. 校园招聘准备

进行校园招聘时，需做好充分的准备工作。校园招聘前期的准备工作包括以下 5 个方面的内容，如表 5-5 所示。

表 5-5　　　　　　　　　　　　校园招聘前期的准备工作

准备工作	具体事宜
信息了解	了解国家对大学生在就业方面的相关政策
招聘资料的准备	包括企业的宣传资料、面试评估表等
选择招聘的学校及专业	选择专业类院校还是综合性大学？哪些院校的相关专业比较强，学生质量比较好？对此，要做出分析和选择
招聘人员的确定	招聘人员一般由人力资源部人员、用人部门人员、了解学校的人员三部分组成
互动环节	对学生感兴趣的问题做好相应的准备，并且招聘小组成员的回答口径要一致

2. 校园招聘计划的确定

各用人部门发出针对毕业生的招聘需求，具体由部门负责人提出，需报用人部门分管领导审批。人力资源部在汇总企业各部门的招聘需求（见表5-6）后，再根据实际需求及实际情况实施统一招聘。

表 5-6 校园招聘部门招聘需求汇总表

需求部门	岗位	性别	院校及专业	需求人数	岗位要求

3. 制订校园招聘方案

校园招聘计划经企业领导审批后，由人力资源部门牵头制订"校园招聘方案"，其内容包括院系选择、落实院校联系人等方面。

年度校园招聘方案范本如表5-7所示。

表 5-7 ××企业年度校园招聘方案

目的及意义	招聘一批具有专业知识技术的人才，一方面可以充实企业的专业人才队伍，另一方面也是企业管理者和技术人才的重要后备力量		
校园招聘小组	招聘小组负责人： 招聘小组成员：		
基本要求	优秀的团队合作精神；务实的工作态度；较强的创新能力		
招聘时间安排	任务	进度要求	主责部门（责任人）
	校园招聘前期准备		
	招聘工作实施		
	招聘工作总结与反馈		
院校	招聘职位	人数	专业、学历要求	备注
费用预算	费用项目	金额	备注
	差旅费		
	资料费		
	……	……	……

4. 实施校园招聘

一切准备就绪，就可以按计划实施校园招聘了。校园招聘现场主要工作事项包括企业宣讲、收集简历等，具体内容如表 5-8 所示。

表 5-8 校园招聘现场工作事项

工作项目	工作内容
企业宣讲	企业通过播放宣传片 PPT 或者企业宣传视频等方式，重点突出企业的核心优势，达到吸引毕业生的目的（具体流程见图 5-4）
收集简历	宣讲结束后，要安排专人现场答疑，并收集简历 若学生资料不齐全，需提醒学生在下一轮笔试或面试时带齐 在时间、场地允许的情况下，可在现场安排学生填写职位申请表，并组织笔试

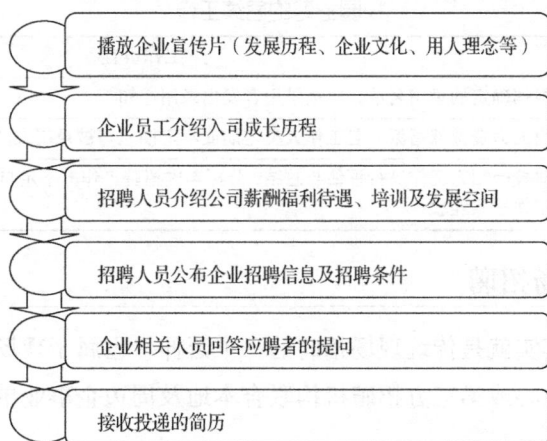

播放企业宣传片（发展历程、企业文化、用人理念等）

企业员工介绍入司成长历程

招聘人员介绍公司薪酬福利待遇、培训及发展空间

招聘人员公布企业招聘信息及招聘条件

企业相关人员回答应聘者的提问

接收投递的简历

图 5-4 企业校园招聘宣讲流程

5. 校园招聘人才甄选

简历收集完毕后，企业需对这些简历进行筛选。对于初步筛选的符合条件的简历，人力资源部应通知应聘者参加下一轮的考核。考核一般分为笔试与面试两种。对于技术类及其他相关岗位，企业可通过笔试的方式筛选专业基础扎实的人员；面试是招聘中一种重要的考核方法，校园招聘中典型的面试题如表 5-9 所示。

表 5-9 校园招聘面试题

序号	试题内容
1	业余时间比较喜欢哪方面的书报杂志
2	大学期间您参加过哪些活动？请简要介绍一下
3	请谈谈学习生活中印象最深刻的一件事
4	说说您学习或工作中最满意的一件事
5	专业类问题：与求职专业相关的问题
6	您希望与什么样的上级共事
7	在大学四年中与人难免有摩擦，请问您是如何解决的

续表

序号	试题内容
8	您的朋友同学是如何评价你的
9	简要介绍一个您佩服的人，他（她）有什么性格特征
10	谈谈自己对成功的理解
11	（针对学生干部）在团队活动中如何发挥主动性，并且起到领导者的作用，最终获得您所希望的结果
12	如果您应聘成功，未来3～5年的规划是怎样的

6. 做好校园招聘的后续工作

在进行完校园招聘后，企业还应做好校园招聘的后续工作，具体内容如表5-10所示。

表5-10　　　　　　　　　　　　校园招聘的后续工作

后续工作	工作事宜
发放录用通知	根据确定的录用名单，向被录用者发出录用通知
与被录用人员保持联系	由人力资源部指派一名工作人员定期或不定期地与被录用人员保持沟通和联系
评估与总结	对校园招聘工作进行评估与总结，分析本次招聘工作的不足与可取之处，为下次的校园招聘工作积累经验

5.2.3 专人专场现场招聘

专人专场现场招聘其实就是传统现场招聘的一个延伸，也属于现场招聘的范畴，是由各地的人才机构和人才交流中心或第三方招聘机构联合本地及周边企事业单位针对行业和专业开展的招聘活动。

专人专场现场招聘有物流运输专场招聘、计算机应用专场招聘等类型。企业需根据所属行业、拟招聘的专业任职人员等自身需要进行选择。

不同行业不同专业的专场招聘一般会在固定的时间段轮番登场，招聘岗位多以专业性岗位为主，可以给企业招聘人员带来省时省力的好处，具体优势如图5-5所示。

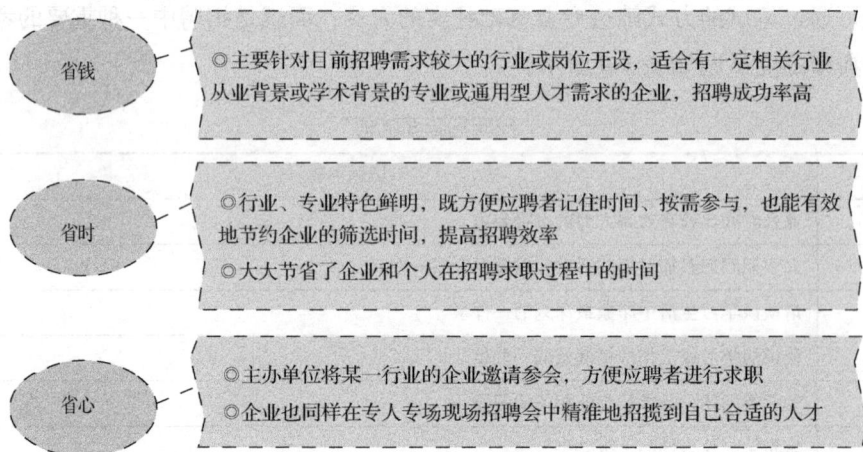

省钱
◎主要针对目前招聘需求较大的行业或岗位开设，适合有一定相关行业从业背景或学术背景的专业或通用型人才需求的企业，招聘成功率高

省时
◎行业、专业特色鲜明，既方便应聘者记住时间、按需参与，也能有效地节约企业的筛选时间，提高招聘效率
◎大大节省了企业和个人在招聘求职过程中的时间

省心
◎主办单位将某一行业的企业邀请参会，方便应聘者进行求职
◎企业也同样在专人专场现场招聘会中精准地招揽到自己合适的人才

图 5-5　专人专场现场招聘优势

【微课堂】

1. 现场招聘具体可分为哪几种形式?
2. 企业参加现场招聘会需注意的事项有哪些?

5.3 第三方招聘

第三方招聘是指企业委托专业的人才机构开展招聘工作的方式。专业的人才机构主要是指人力资源服务企业、人才中介服务企业、猎头企业等。

鉴于不少第三方人才专业机构都有自己独特的人才测评工具和体系,其从业人员有着丰富的招聘经验,再加上对人才市场比较熟悉,故能帮助企业提高人才选拔的效率。

以下主要介绍了这一模式下使用频率较高的两种方法。

5.3.1 招聘外包

招聘外包即企业将全部或部分招聘、甄选工作委托给第三方的专业人力资源公司,专业人力资源公司利用自己在人才资源、评价工具和流程管理方面的优势来完成招聘工作的一种方式。

相较于企业自行开展招聘,招聘外包具有许多优势,具体的优势说明如图 5-6 所示。

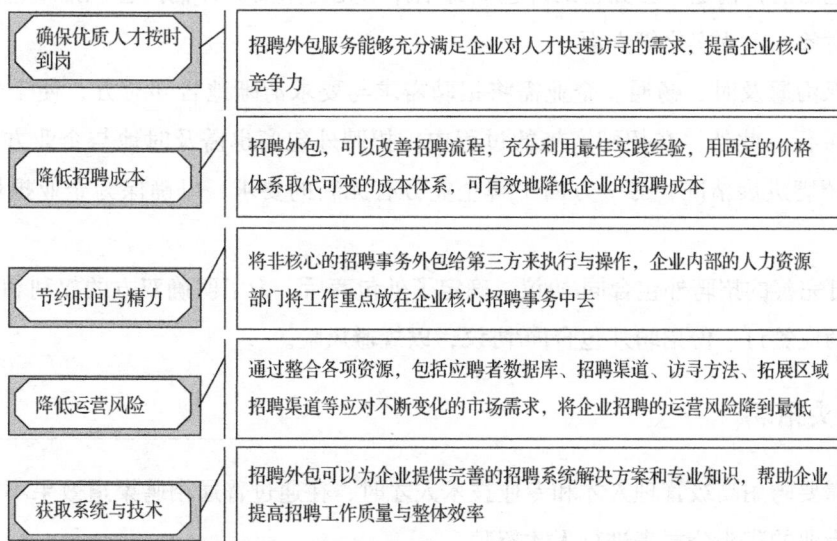

优势	说明
确保优质人才按时到岗	招聘外包服务能够充分满足企业对人才快速访寻的需求,提高企业核心竞争力
降低招聘成本	招聘外包,可以改善招聘流程,充分利用最佳实践经验,用固定的价格体系取代可变的成本体系,可有效地降低企业的招聘成本
节约时间与精力	将非核心的招聘事务外包给第三方来执行与操作,企业内部的人力资源部门将工作重点放在企业核心招聘事务中去
降低运营风险	通过整合各项资源,包括应聘者数据库、招聘渠道、访寻方法、拓展区域招聘渠道等应对不断变化的市场需求,将企业招聘的运营风险降到最低
获取系统与技术	招聘外包可以为企业提供完善的招聘系统解决方案和专业知识,帮助企业提高招聘工作质量与整体效率

图 5-6 招聘外包优势说明

1. 服务类别

常见的招聘外包服务可大体分为以下4大类。

（1）代理招聘。一般来说，新组建的企业，或人员需求量较大、招聘工作比较繁重的企业，可将部分中低端岗位交由第三方的专业人力资源企业代理招聘，省去企业招聘广告、发布信息、面试等成本和时间，且能大大提高招聘效率。

代理招聘这一方式主要适用于技术类、人事类、行政类、财务类岗位，以及部分主管级岗位的人员招聘工作。

（2）长期招聘职能外包。长期招聘职能外包即指企业将全部或大部分招聘、面试与人才甄选工作委托给第三方的专业人力资源企业，后者利用自己在人才资源、评价工具和流程管理方面的优势为企业提供招聘服务的一种方式。

（3）项目团队招聘外包。项目团队招聘外包即针对企业经常会遇到临时性的项目，需要在短时间内招聘大量人才，而人力资源部往往因为人手少、渠道有限、储备不足而不能按时完成招聘任务。第三方的专业人力资源公司以其海量的人才储备、庞大的招聘渠道、优秀的访寻能力、专业的甄选方法和经验，为企业解决限时招聘难题。

（4）应届生校园招聘外包。对招聘人员而言，应届生校园招聘工作的时间紧张、前期准备工作也较烦琐。此时，企业可将前期准备工作如信息发布、招聘信息宣传推广、校园宣讲、简历接收和筛选、第一轮面试和笔试以及食宿和行程安排等工作外包给第三方的专业人力资源公司，企业人力资源部可专注于少量候选学生的专业和素质考查以及最终面试录用，以缓解人力资源部的时间压力，提高企业招聘工作效率。

2. 实施要点

（1）慎重选择外包商。招聘外包商水平的高低直接影响到招聘工作的成败。对此，企业在实施招聘外包之前，构建一套完善的外包商评估体系尤为重要。评估内容包括外包商的实力、信誉、服务对象、企业文化等方面。

（2）确保沟通及时、畅通。企业需将招聘需求与要求清晰地告知对方，便于外包商的招聘工作有据可行。此外，在招聘实施的过程中，招聘外包商也需及时地与企业方进行沟通，一方面反馈招聘进展情况，另一方面了解企业方有无新的要求，以确保为企业提供符合要求的人才。

（3）制订完善的招聘外包合同/协议。确定了外包商后，为了明确双方的权利和义务，企业与招聘外包商应签订一份招聘外包合同/协议，以规避风险。

5.3.2 猎头招聘

当企业需要聘用高级管理人才和专业技术人才时，在通过普通招聘渠道效果不明显的情况下，可借助专业的猎头公司来进行人才招聘。

猎头招聘，即通过猎头公司来实施人员招聘。猎头公司是通过专业人士为企业提供招聘服务的机构。他们针对的是企业急需的高级管理人才和高级专业人才，如总经理、市场总监等。

通过猎头招聘，企业不仅可以确保招聘的质量，还可以帮助企业减少招聘的时间，但企业需要向猎头公司支付一定的服务费用。

1. 猎头招聘实施流程

采用这一方法进行人员招聘，也有一套实施程序，具体内容如图 5-7 所示。

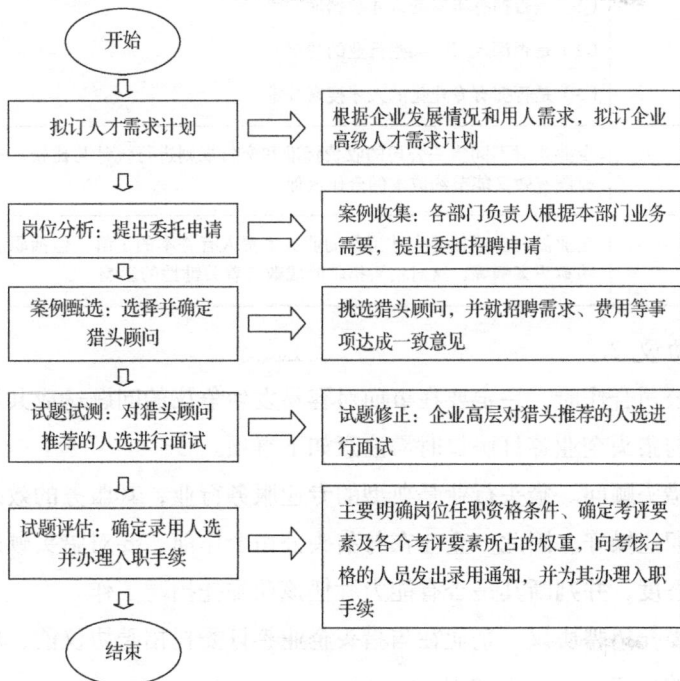

图 5-7　猎头招聘实施流程

2. 猎头企业的选择

采用这一方式进行招聘，选择猎头企业就是其中关键的一环。在选择猎头企业时，企业需重点考虑的问题有两个：一是企业如何才能规避同猎头企业合作带来的风险，二是如何才能达到招聘的效果。因此，企业在选择猎头公司时，有以下 5 个因素要考虑，具体内容如表 5-11 所示。

表 5-11　　　　　　　　　　　选择猎头公司需考虑的因素

考虑的因素	说明
诚信可靠	企业可以从以下两个方面进行判断： （1）是否具有良好的职业道德口碑 （2）是否能遵循合作协议，按照协议完成招聘任务

续表

考虑的因素	说明
经验丰富	企业需关注猎头公司以下3方面的信息： （1）是否娴熟掌握有关人事政策 （2）是否具备丰富的市场运作经验和专业操作经验 （3）是否有广泛的社会网络
信息资源	企业需了解猎头公司以下信息概况： （1）是否拥有丰富的人才数据库 （2）是否深入了解某些行业的情况 （3）是否拥有专业化的人才搜索技术
收费标准	企业要对不同猎头公司的收费标准和交付规则进行统计与比较，根据企业实际情况，选择既有效又能节约成本的合作伙伴
业务负责人	企业需对实际搜寻人才工作的业务负责人有基本的了解，包括职业素养、工作经历、成功猎头案例等，这对猎头招聘的成败有着关键性的影响

3. 签订招聘协议

企业在与猎头公司合作时，一定要在事前对容易发生争议的问题达成共识，避免争端的发生。因此，企业在与猎头企业签订协议时需注意如下事项。

（1）慎重选择猎头顾问。猎头行业是典型的专业服务行业，其服务的效果最终取决于猎头顾问的专业水平和职业操守。因此，企业在与猎头公司合作前，要对猎头顾问进行详细了解，明确其工作能力和态度，并判断其是否有能力胜任该项委托招聘工作。

（2）规范猎头委托招聘协议。企业在与猎头企业签订委托招聘协议前，应在合同中对以下重要事项做出明确的规定，如表5-12所示。

表5-12　　　　　　　　　　　　　委托招聘协议明确事项

协议项目	相关说明
确定费用水平、支付方式、支付手段	（1）双方要确定是按照年薪比例支付费用还是协商达成固定金额的服务费用 （2）明确支付方式，如预付款、分阶段支付等 （3）明确支付手段，主要是指企业采用现金支付还是银行支付或是其他支付方式
明确试用期保证事项	（1）当试用期候选人离职（包括主动和被动）时，需在协议中规定猎头顾问需多长时间提供几名替代候选人，并且要明确职位关闭日期 （2）试用期候选人离职，如果不能够提供替代候选人，企业要与猎头约定退款事宜
明确雇用期限保证事项	（1）企业应该根据行业及企业业务情况规定期限。在有效期内，猎头不对企业现有员工提供就业信息，不招聘或为他人招聘企业现有的员工，并不得搜集或提供企业现有员工的资料给第三方 （2）对于候选人在甲方雇用期间，需要明确规定猎头不允许再将候选人推荐给其他企业，否则将支付一定的赔偿金额

（3）确定后续合作问题。如果与一家信誉较好且服务质量令人满意的猎头企业合作得较为愉快，应该在以后类似的招聘工作方面继续与之合作，避免与过多的猎头企业合作，因为熟悉的猎头企业能够更好地理解企业的招聘需求。

猎头招聘与其他招聘方式相比，很重要的一个不同点是要选择猎头公司并与其签订委托招聘协议，下面是某企业与猎头企业签订的委托招聘协议，供读者参考。

文本名称	委托招聘协议	受控状态	
		编　号	

委托单位（以下简称甲方）：
代理单位（以下简称乙方）：
甲方因业务发展需要，委托乙方招聘所需人才事宜，经双方友好协商，达成协议如下：
一、委托职位名称
甲方委托乙方招聘＿＿＿＿＿＿＿＿岗位人才＿＿名，合计人才年薪（税前）＿＿＿＿万元人民币。
二、甲方的权利义务
1. 甲方必须向乙方提供真实详细的企业相关背景资料。
2. 甲方必须向乙方提供所需人才的详细的岗位说明书作为本协议附件。
3. 配合乙方对推荐的候选人进行面试。
4. 甲方对乙方推荐的候选人进行面试后，必须在 5 个工作日内给出明确的录用意见，并以书面形式通知乙方。
三、乙方的权利义务
1. 乙方严格按照甲方提供的岗位说明书对人才进行搜寻。
2. 乙方对初选合格人员进行面试并核准相关证明资料和工作经历。
3. 乙方必须提供详尽的人才评估报告，为甲方面试提供专业的岗位和用人建议。
4. 乙方负责与甲方沟通确认甲方面试的时间、地点，并安排好相关人才的联络服务工作。
5. 协助甲方对人才聘用协议的最终签订。
四、收费条款
1. 总服务费：由乙方自行联系并成功推荐的候选人，乙方按被录用者的首年年收入（税前）总合计（包括基本工资、津贴、奖金和提成）的＿＿＿%收取招聘服务费，合计服务费用＿＿＿＿＿＿元（大写）。
2. 预付款：合同签订后，在乙方开展搜寻工作前，甲方须向乙方交付服务费的30%作为预付款，合计为＿＿＿＿＿＿元（大写）。若乙方在约定的期限内（15～20 个工作日）未提供合适的人选，则预付款退还 50%。
3. 余额给付：候选人至甲方正式上班后，乙方向甲方开具发票，甲方在候选人正式入职后 7 天内，向乙方支付剩余70%服务费。
4. 服务费变更：如甲方录用人才的实际年薪超过本合同的约定年薪，则甲方必须补足超出部分的相应服务费，如甲方录用人才的年薪不足本合同约定的年薪，乙方也按实际年薪降低收取相应服务费。
5. 结款方式：甲方付款原则上以银行汇款为主，现金付款应由乙方工作人员出具有效身份证明后并经乙方负责人确认方可给付。

五、保密条款

1. 甲方必须对本协议内容严格保密，未经乙方同意，不得对候选人资料做任何审查，不得泄露候选人相关信息。

2. 乙方不得泄露甲方企业的任何商业机密和内部信息。

3. 乙方推荐的候选人一旦被甲方录用，其个人资料及档案必须封存。

六、特别约定

1. 乙方二年内保证不猎取甲方人才。

2. 甲方如需面试乙方推荐的身在外地的候选人，其因面试而产生的相关费用由甲方承担。

3. 甲方不得以招聘或储备人才为名，达到窃取人才知识的目的。由乙方提供的未能被甲方录用的人才档案资料，甲方需交还乙方。

4. 乙方提供给甲方的所有候选人自提供之日起十二个月内均视为乙方推荐的候选人，在此期间内如甲方或甲方的关联企业雇用乙方的候选人，则均视为乙方成功推荐。

5. 如果乙方推荐的候选人上岗后 3 个月内被解聘或离职（甲方违约除外），乙方将免费为甲方重新推荐合适人选，如后推荐成功的人才年薪发生变化，甲乙双方按实际年薪核定服务费，退补差额。

6. 如乙方在收到甲方要求重新推荐的通知后____月内仍无法提供令甲方满意的人选，甲方有权决定停止乙方的继续推荐，并要求乙方退还服务费用的____%。

7. 在甲乙双方的合作过程中，若甲方更改岗位要求或更换岗位，乙方根据实际情况有权终止协议。

七、合同有效期

1. 本协议需经双方签字盖章，乙方收到甲方预付款开始生效。

2. 本协议的有效期为一年。

3. 甲方录用乙方推荐人才，结清剩余服务费，人才上岗工作满 3 个月后，本协议自动终止。

八、相关说明

1. 本协议一式两份，双方各执一份。

2. 本协议未尽事宜，由双方协商解决。如协商不成，可交仲裁机构仲裁或直接诉诸法律解决。

甲方（盖章）：_____　　　　乙方（盖章）：

代表人：_____　　　　　　　代表人：

日期：____年__月__日　　　　　　　　　日期：____年__月__日

相关说明					
编制人员		审核人员		批准人员	
编制日期		审核日期		批准日期	

4. 人才寻找与测评

对于中高层管理者和高技术人才，企业通过一般的招聘渠道（如人才招聘会、网站广告等）往往难以取得预期的效果，而此类人才对于企业的发展起着关键性的作用。猎头企业凭借自身强大的人才资源优势，可以很好地为企业解决这一问题。

（1）人才来源。猎头企业需要储备相应的人才资源库，以满足用工企业的人才需要。对于猎头公司人才储备的来源，图 5-8 所示为其中的 4 种方式。

图 5-8　人才搜索渠道

（2）人员测评的方式。通过猎头顾问进行招聘，企业可以确保招聘的质量，还可以减少招聘的时间，更快地物色到所需人才。为了向企业推荐符合其需求的人才，猎头公司还需对潜在的职位候选人进行测评。

选择测评方法需要考虑测评方法自身的特点、测评的目标、被测人员所在的岗位、职务高低以及不同的行业等诸多因素。结合猎头公司所招聘的人员的特点，以及各种测评方法的特点，猎头公司可采用表 5-13 所示的一些测评方法。

表 5-13　　　　　　　　　　　　　　　测评方法

测评方法	说明
简历分析法	通过简历中对职责、业绩、自我评价的描述，分析候选人的逻辑思考、书面表达能力等信息
评价中心技术	评价中心技术是由一系列测评方法（如无领导小组讨论、情景模拟、演讲等）有机组成，依据情景模拟测评的原理，通过观察被测人员在不同测试中的表现，对其能力、技能等特征做出综合评价的一套标准化程序
行为事件访谈法	通过典型事件来分析和评估
情境压力测验法	通过观察特定环境下被测试者的表现来进行评估
观察其社交账号	通过观察候选人的社交账号的动态，如微博、微信等社交软件信息的更新，了解候选人的工作状态及个性特点，进而从多方面、多角度对被测试者进行评估
结构化面试	结构化面试是指在特定的时间、地点，依据提前准备的内容、程序、评分标准、分值结构等进行的面试形式
职业适应性测试	在进行职业适应性测试时，从个人的职业兴趣、需求测验和动机测验等方面来测试个体的职业适应性
管理职业能力倾向测试	管理职业能力倾向测试是从人的基本能力出发，用来测试个体是否具有从事管理工作所必须具备的基本能力倾向的测评方法

5. 出具推荐报告

在确定合作意向后，猎头顾问根据企业招聘要求开始找寻人选。通过一番了解，猎头顾问应将候选人的情况汇总，并形成一份完整的报告，即"岗位候选人推荐报告"（见表 5-14），以便企业对候选人进行考核。

表 5-14   岗位候选人推荐报告

岗位候选人推荐报告

　　为了让您对候选人有一个更加全面和细致的了解，同时节约您宝贵的面试时间，提高您对候选人综合判断的准确性，我们特向您提交本报告。

　　本报告共分为以下 7 大部分。

　　第一部分：候选人基本信息

　　第二部分：候选人的知识与技能结构

　　第三部分：候选人的工作经历与主要业绩描述

　　第四部分：候选人的个性特征与管理风格倾向

　　第五部分：候选人的优劣势分析

　　第六部分：候选人的核心胜任力构成

　　第七部分：推荐建议

**　　第一部分：候选人的基本信息**

　　姓名：　　　　性别：

　　出生日期：　　民族：

　　期望年薪：　　推荐职位：

**　　第二部分：候选人的知识与技能结构**

　　一、教育经历

　　＿＿＿＿年＿＿月＿＿日，毕业于＿＿＿＿＿＿＿＿院校，＿＿＿＿＿＿专业，获得＿＿＿＿＿学位。

　　＿＿＿＿年＿＿月＿＿日，毕业于＿＿＿＿＿＿＿＿院校，＿＿＿＿＿＿专业，获得＿＿＿＿＿学位。

　　二、培训经历

　　＿＿＿＿年＿＿月＿＿日，参加＿＿＿＿＿＿＿＿＿＿＿＿培训。

　　＿＿＿＿年＿＿月＿＿日，参加＿＿＿＿＿＿＿＿＿＿＿＿培训。

　　三、职称、技能与特长

　　1. 职称（略）

　　2. 掌握的技能（略）

　　3. 特长（略）

**　　第三部分：候选人的工作经历与主要业绩描述**

　　＿＿＿＿年＿＿月，＿＿＿＿＿＿地区＿＿＿＿＿＿＿企业＿＿＿＿＿＿职务

　　1. 汇报对象（略）

　　2. 下属人数（略）

　　3. 主要工作业绩（略）

**　　第四部分：候选人的个性特征与管理风格倾向**

该候选人主要符合以下四项个性与行为特征，具体内容见下表。

候选人的个性与行为特征

影响性	在工作和生活中习惯采用各种方法和策略去影响他人
情感性	对事物的判断比较容易受自己情感和价值观影响
独立性	自立自强，当机立断，倾向于独立解决问题和做出自己的选择和决定
自律性	通过对事情的事先计划和准备来对事情进行控制，有十分清晰的个人标准

**　　第五部分：候选人的优劣势分析**

　　优势（略）

　　劣势（略）

**　　第六部分：候选人的核心胜任力构成**

　　候选人身上具备的核心胜任力包括人际理解力、影响力、沟通协调能力、团队领导能力、责任感、计划组织能力等。

**　　第七部分：推荐建议**

　　×先生具有多年的××类企业信息化建设和管理经验，具有较长时间的基层工作经验，同时具备软件开发的能力，其不仅可以胜任信息化建设工作，同时也能对基本的维护与管理和企业内部软件开发起到一定的作用。×先生的加入，不仅可以对企业现有的系统进行维护与管理，同时更可以在现有的基础设计上设计相应的信息化解决方案。因此，我们推荐×先生担任贵企业的＿＿＿＿＿＿＿一职。

6. 猎头招聘费用评估

猎头的招聘费用评估是指对猎头招聘过程中的费用进行核算,并对照预算进行评价的过程。人力资源部对猎头招聘费用进行评估,可明确支出事项,有利于企业按各支出事项有针对性地进行招聘费用控制,从而降低招聘成本。

大体说来,猎头招聘费用主要由猎头企业找寻费用、猎头招聘服务费、选拔成本等构成,具体内容如表 5-15 所示。

表 5-15 猎头招聘的费用评估

费用构成	说明	项目构成
猎头公司找寻费用	企业在考查猎头公司、选择猎头企业、询价、议价中的支出	找寻费用=时间成本+资料费用
猎头招聘服务费	猎头企业为企业招聘人才,企业支付给猎头企业的佣金	通用的计算方式是这样计算的:服务费=招聘岗位年薪×____%
选拔成本	企业对应聘者进行鉴别,决定录用或不录用而产生的费用	包括时间成本、资料费用、测评费用等项目
录用成本	经选拔后将合适的人员录用到企业所发生的费用	录用成本=录取手续费+调动补偿费+搬迁费+旅途补助费
安置成本	是为安置已经被录用的员工到具体的工作岗位所发生的费用	包括必要装备费用、安置人员时间损失成本等

为了明确猎头招聘工作的事宜,企业有必要以制度的形式对其中的有关内容予以明确,下文是一则范例,仅供参考。

猎头招聘管理规定

第 1 章 总则

第 1 条 目的

为规范猎头招聘工作的实施和管理,建立完善的人才选用机制,高效率地选拔适合公司发展的高端人才,特制定本制度。

第 2 条 适用范围

本制度适用于通过猎头选拔高端人才的招聘管理工作。

第 3 条 职责分工

1. 总经理、人力资源总监负责猎头招聘相关事项的审批,并对应聘者进行复试,确定录用人员。

2. 人力资源部经理负责猎头招聘协议签订及相关事项的审核。

3. 招聘主管负责猎头招聘计划制订、猎头公司选择、猎头工作配合及对猎头公司进行监督与评估。

4. 招聘专员负责猎头招聘费用申请、录用通知发放及招聘主管安排的其他工作。

5. 各部门负责提供相关岗位信息，配合人力资源部做好招聘工作。

第 4 条 猎头招聘计划的制订

1. 招聘主管应根据企业招聘计划、用人部门需求和岗位说明书等制订猎头招聘计划。

2. 猎头招聘计划应包括如何选择猎头企业、招聘费用预算、招聘人员要求等信息。

第 5 条 猎头招聘计划的审批

1. 招聘主管应将猎头招聘计划报人力资源部经理审核、人力资源总监审核、总经理审批。

2. 招聘主管应按总经理审批的猎头招聘计划执行猎头招聘工作。

第 6 条 猎头公司的筛选

1. 目标猎头选择。招聘主管应根据招聘岗位的要求选择目标猎头企业，应尽量选择精通本岗位所在行业的猎头企业作为目标企业。

2. 猎头企业考查。确定猎头公司前，招聘主管要到选定的猎头企业进行考查，对猎头基本情况进行了解，并记录存档。

3. 猎头企业确定。招聘主管根据对猎头公司的沟通评价结果和猎头招聘费用情况拟定猎头公司名单，报人力资源部经理审核、人力资源总监审核、总经理审批。

4. 人力资源部经理与确定合作的猎头公司签订猎头服务协议，明确双方的权利和义务。

5. 招聘专员按协议的规定进行费用申请，由财务部支付猎头公司相应的定金。

第 7 条 与猎头公司的沟通与合作配合

1. 保持沟通。招聘主管、招聘专员要保持与猎头公司的沟通，同时做好对猎头公司的监督工作，并积极主动地了解招聘进度、人选质量、人才到岗的时间，以争取用人的主动权。

2. 全程监控。招聘主管要派专人跟踪监控整个猎头招聘过程，包括人才寻访、面试甄选、背景调查、素质测评等相关工作的实施。

3. 积极配合。招聘主管要随时提供招聘岗位完善的岗位说明书和其他相关信息，以便猎头公司能准确招聘到公司需要的高端人才。

第 8 条 猎头推荐人员的复试

1. 招聘主管应安排猎头公司招聘的应聘者参加复试。

2. 复试工作由总经理、人力资源总监负责，决定是否录用。

第 9 条 人员录用

应聘者通过复试后，招聘专员应及时向录用人员发出录用通知，安排其在规定时间内上岗，并办理相关入职手续。

第 10 条 支付猎头公司的尾款

录用人员上岗___日后，招聘专员根据猎头招聘协议要求提出尾款支付申请，由财务部支付给猎头公司尾款。

第 11 条　猎头招聘效果的评估

1. 招聘主管负责对猎头招聘效果进行评估，评估指标包括招聘周期、用人部门满意度、招聘达成率等。

2. 招聘主管对猎头企业进行评估后，应撰写评估报告，并上报人力资源部经理、人力资源总监、总经理审阅。

第 12 条　本制度由人力资源部负责制定与解释，修改亦同。

第 13 条　本制度自颁布之日起实施。

【微课堂】

因经营管理需要，某大型企业需引进一批高级管理人才，包括副总经理、市场总监和财务经理等。如果该公司选择猎头公司作为以上岗位人员的招聘渠道，应注意哪些问题？

5.4 内部选聘

内部选聘是指企业出现职位空缺后，人力资源部从企业内部选择合适的人选来填补这个空缺职位的招聘形式。内部选聘，一方面可以鼓舞员工士气，调动员工的工作积极性；另一方面也有利于提高招聘工作的有效性，降低企业的招聘风险，并节约招聘成本。

常见的内部选聘形式包括内部选拔、内部推荐、内部晋升等。

5.4.1　内部选拔

内部选拔是指企业人力资源部对内部员工按其具备的胜任力进行合理的岗位配置，并通过选拔进行内部选聘的一种招聘形式。

内部选拔一般在大规模的企业比较常见，主要优势是招聘成本低；可以给员工提供发展空间和职业晋升机会，有利于增强组织凝聚力，激励员工奋发向上，留住人才；应聘者对本企业有一定的熟悉程度，能很快进入工作状态等。

但是，要注意，只有经过选拔评价符合任职资格的人员才能予以招聘，以保证内部选聘的质量。另外，参加内部选拔的员工须征得原主管的同意，且一旦应聘成功，部门应给予该员工一定的时间进行工作交接。

1．企业出现以下情况时，可采用内部选拔

一般而言，当企业出现下列情况时，人力资源部可考虑采用内部选拔的方式，甄选合适的人才。

（1）招聘的职位比较重要或敏感，外部招聘得不到广大员工的认可。

（2）企业管理层想要激发员工的工作热情或积极性，同时增强其危机感。

（3）现有的人选不能满足空缺职位的要求。

2．内部选拔应遵循的原则

（1）公平。选拔过程中，任何人不能向人力资源部进行暗示、推荐某一应聘者，对待所有应聘者须完全按照其实际表现确定其成绩。

（2）公正。竞聘职位面向所有符合条件的人员，招聘信息发布公开透明，选拔规则和评审办法的实施必须具有统一性。

（3）公开。人力资源部对公开选拔的职位、选拔流程、评审办法、评审结果等须向全体员工公开，并让所有应聘者了解所有相关信息。

3．工作表单

（1）内部选拔通知。内部选聘公告的内容和格式如以下范例所示。

某企业内部选聘公告

为促进企业人力资源的合理配置，调动员工的工作积极性，扩展员工的职业发展机会，根据本企业管理需要，拟招聘市场运营部主管 1 人，具体选聘标准公告如下。

选聘岗位：市场运营部主管

选聘人数：1 人

选聘条件：1．本科及以上学历。

2．在本企业工作三年以上，了解市场运营部的基本工作流程。

3．具有较强的沟通能力、归纳分析能力、表达能力、责任意识。

选聘流程：本次选聘分为笔试和答辩两部分，每部分成绩各占 50%，笔试成绩前 3 名进入答辩，最终人力资源部依据笔试和答辩的总成绩择优录取。

报名时间：＿＿年＿＿月＿＿日～＿＿年＿＿月＿＿日。

报名地点：选聘人员持竞聘申请表至企业人力资源部报名。

笔试时间：＿＿年＿＿月＿＿日，由人力资源部实施笔试，笔试时间为＿＿分钟，满分为 100 分。

答辩时间：答辩时间由人力资源部另行通知。

联系人：×××。

咨询电话：×××——××××××××。

人力资源部

＿＿年＿＿月＿＿日

（2）内部竞聘申请表如表 5-16 所示。

表 5-16   竞聘申请表

竞聘岗位：							
申请人		性别		年龄			
所在岗位		所属部门		工作年限			
专业		毕业院校		联系方式			
工作情况							
工作单位		所在部门		岗位		起止时间	
培训经历							
培训课程		起止时间			所获证书		
竞聘理由（竞聘该岗位的优势）							
竞聘人签字		部门经理签字		主管副总签字			

为了明确企业内部选拔工作的事宜，企业有必要通过制度的形式对其中的有关内容予以明确，下文是一则范例，仅供参考。

内部选拔制度

第 1 章　总则

第 1 条　竞聘目的

为激发员工的活力与工作积极性，特制定本制度。

第 2 条　竞聘原则

1. 公平公正，因岗责任。

2. 任人唯贤，择优录取。

第 3 条　内部招聘小组人员构成

内部招聘小组一般由如下人员组成：人力资源部工作人员、部门经理、公司高层，必要时还可以聘请外部专家，招聘小组人员可以根据招聘岗位的不同而灵活地进行组合。

第2章　内部选拔实施管理

第4条　发布内部竞聘信息

企业根据用人的需要发布内部招聘信息，招聘信息应包含工作的主要职责、认知资格要求、工作性质等相关内容。

第5条　员工填写"内部人员岗位竞聘申请表"

符合条件且有内部竞聘意愿的员工，需要在公告规定时间内，正确填报"内部人员岗位竞聘申请表"，并将申请表与其他相关资料交予人力资源部。

第6条　初步筛选与审核

1. 人力资源部对应聘者提交的相关资料进行初步审核，主要目的在于审核应聘者是否符合"岗位说明书"的要求、所提供的资料和资历证明是否真实、申请表的填写是否符合规范。

2. 申请人如有意虚假填报"内部人员岗位竞聘申请表"，一经查实将取消申请人的竞聘资格。

第7条　面试

1. 资格审查合格后，应聘者进入面试考核阶段。

2

面试主要是对应聘者基本素质、岗位任职能力、综合能力等多方面进行考查。

第8条　确定录用人员

1. 依据考核成绩确定各职位的人选初步名单。

2. 如遇同一职位多名应聘者得分相同的情况，依次按应聘者的原编制、学历、管理岗位的工作年限、相关职位的工作年限等因素进行排序，确定最终名单。

第3章　附则

第9条　本制度由企业人力资源部制订。

第10条　本制度自公布之日起生效，并应根据实际情况每年修订一次。

5.4.2　内部推荐

内部推荐多指由企业内部管理层人员推荐自己部门或下属的优秀员工应聘企业内部某一空缺职位的招聘方法。内部推荐一般对推荐者的职位、资格等要求比较严格。

内部推荐的直接成本低、效率高，企业和员工之间的信息是对称的，用人风险比较小，成功率较高；管理人员对于内部员工工作态度、素质能力以及发展潜能等方面有比较准确的认识和把握；并且内部推荐能够给员工提供更多的成长空间，使员工与企业共同成长，有效避免了有潜力员工被埋没。

1. 适用范围

内部推荐多适用于已经进入内部管理制度趋于完善、人员配置基本稳定的成熟期企业。当企业出现如下几种情况时，内部推荐则更能发挥其优势。

（1）企业空缺职位需要招聘高级管理人才。

（2）当外部环境急剧变化时，为了确保内部环境的稳定，企业应结合内部推荐的方式进行招聘。

2. 实施流程

为了尽可能地使内部推荐的过程规范化，人力资源部需要规范内部推荐流程，并要求推荐人按照流程进行申请，同时对被推荐人进行相应的能力考核。简要流程如图 5-9 所示。

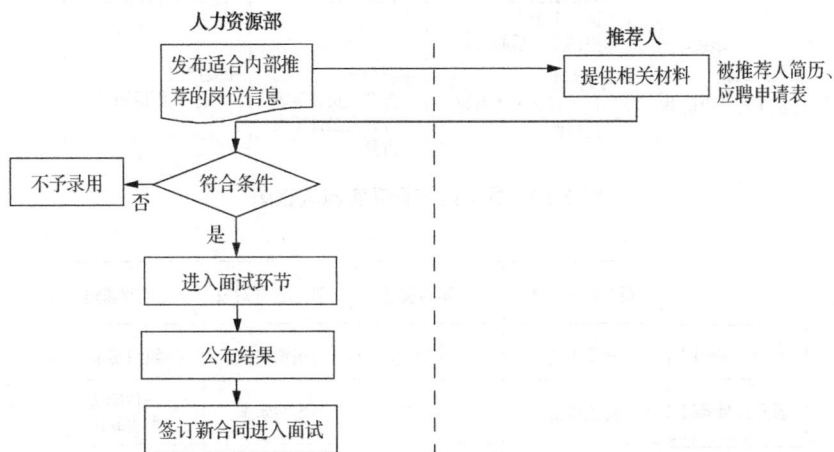

图 5-9　内部推荐流程

3. 需要注意的问题

鉴于内部推荐的非正式性，在选拔合适人才的过程中，人力资源部的相关工作人员一定要注意以下两大问题。

（1）由于空缺职位是有限的，内部推荐有可能会影响到员工之间或员工与管理者之间的关系，甚至导致人才的流失，所以内部推荐过程一定要公开化。

（2）人力资源部在考查候选人的过程中，要避免企业内部的"近亲繁殖"等现象。

5.4.3　内部晋升

内部晋升是建立在有序的员工晋升体系基础上的岗位空缺应对办法，既是企业激励员工的有效途径之一，也是企业留人、用人的好方法。相比于其他招聘形式，内部晋升具有可缩短磨合期、激励基层员工等优势。

1. 内部晋升流程

运用内部晋升的招聘方法，人力资源部首先要参考企业已有的岗位晋升体系，明确不同岗位的关键职责、胜任素质、岗位级别等在晋升中的依据；其次，需要对照员工的职业生涯管理体系，汇总评估分析员工的绩效状况、工作能力等基本资料；最后，根据员工的发展愿望和发展可能性进行晋升，使有潜力的员工得到相应的发展。

人力资源部在完成以上工作的前提下，可参照以下流程开展内部晋升的实施工作，如图5-10与图5-11所示。

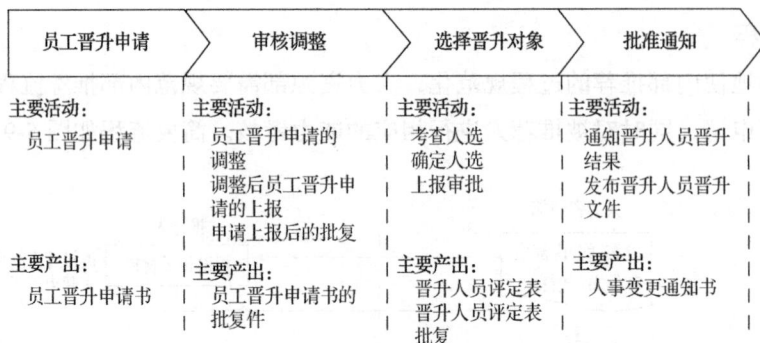

图 5-10　员工内部晋升实施流程图

图 5-11　内部晋升工作分工图

2. 需要注意的问题

内部晋升可以有效防止优秀员工流失，实现企业人力资源的合理配置。当企业决定采用内部晋升的方式进行招聘时，需要注意以下几个问题。

（1）减少主观的影响。从企业内部选拔人才晋升，招聘人员绝对不能只关注自己相对熟悉的员工，而是要在全企业、各层次和大范围内，科学地考查和鉴别人才。

（2）不要求全责备。人力资源部不能因为员工已经非常了解本企业或相关岗位，就对他们求全责备，事实上用其所长，注重晋升的员工能够做到什么、关键优势和特长才是成功晋升的关键。

（3）全方位地发现人才。招聘人员可从员工的工作实践、部门推荐、员工档案、绩效考评结果等多种途径全方位地发现人才。通过多种路径考查、了解候选人的方方面面，最终选定适合之人。

（4）晋升后的协调工作。职位越高的内部晋升越要慎重，如何让员工尽快进入新岗位的角色，人力资源部应建立一套健全的操作指引和考核程序，保障组织内部或原部门不至于因为人员调动而对工作产生影响。

招聘渠道选择

【微课堂】

> 1. 企业员工内部招聘的形式有哪些?
> 2. 企业进行内部招聘时应注意哪些问题?

复习与思考

1. 采用网络平台招聘是一种普遍的招聘形式,请简述网络招聘的优势。
2. 企业组织现场招聘会时,应该做好哪些工作?
3. 企业要组织年度校园招聘会,应该做好哪些准备工作,其流程是什么?
4. 企业的哪些职位可采用推荐招聘的形式?
5. 请论述内部招聘与外部招聘的优缺点。

知识链接

Google 的招聘管理

为了提高招聘决策的科学性,Google 在公司内部设置了"招聘委员会"这一管理机构。

Google 的招聘委员会由不同级别的员工和经理,以及能够评估合作能力的跨职能部门成员组成。他们之前拥有面试经验并且了解招聘的特性。在 Google,招聘委员会在公司的每一个部门都有特定的招聘委员会审查候选人,如工程师委员会审查工程师候选人等。

技能实训

实训内容	招聘会信息调查

　　某公司准备在 9 月进行一次招聘活动，按岗位需求需招聘技术实习生 5 名、文员 2 名、销售人员 10 名。如果你是该公司人力资源部的招聘专员，请你调查本市现场招聘会的时间、主题、地点、费用、服务项目等资料，并进行筛选，选择出适合本公司参加的招聘会并说明原因。其中，招聘会信息调查表的参考格式如下表所示。

招聘会信息调查表

日期	地点	主题	参展费用	服务项目	备注

【本章知识导图】

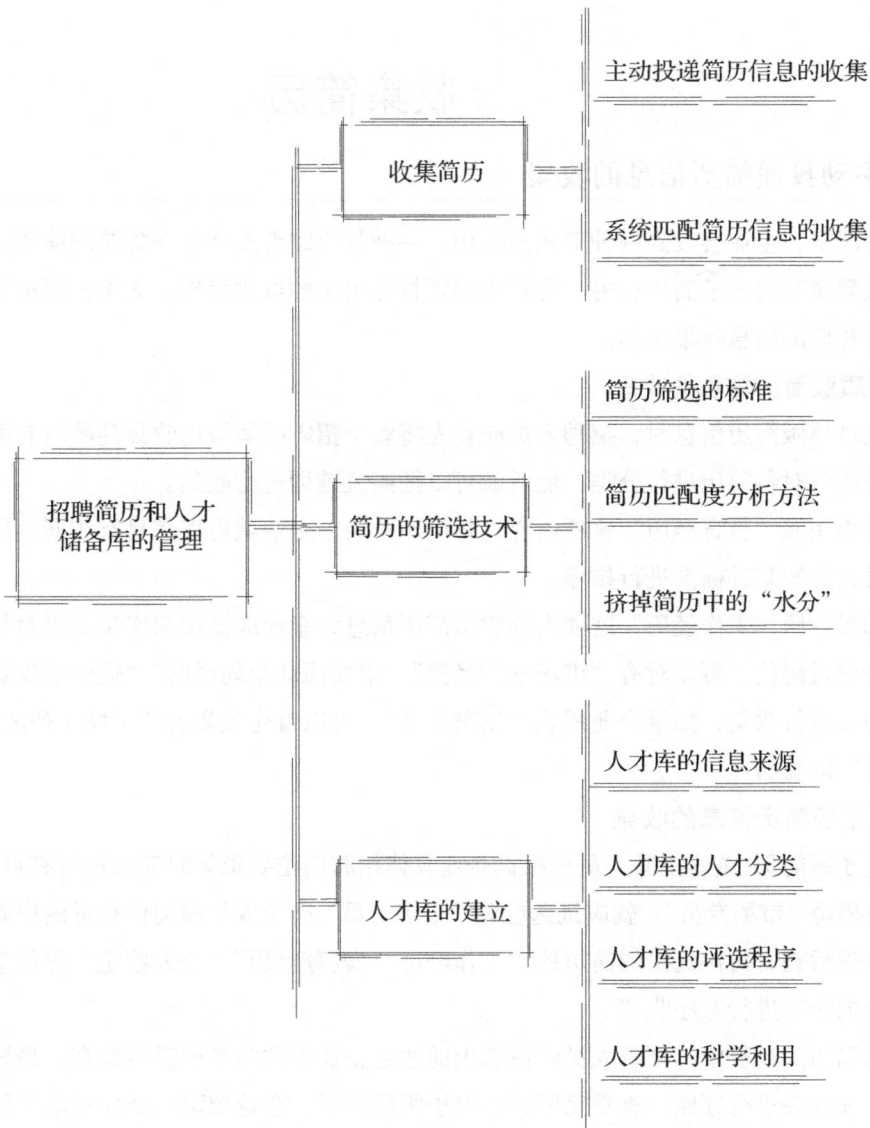

【学习目标】

职业知识	明确招聘需求的影响因素
职业能力	• 灵活运用调研、设计问卷等有效方法，收集招聘需求信息 • 能够分析、审核各部门人员需求信息，提出招聘建议
职业素质	具备优秀的沟通能力、协调能力与分析能力

6.1 | 收集简历

6.1.1 主动投递简历信息的收集

一般情况下，企业会收到两种形式的简历：一种是应聘者发到企业邮箱的简历或是根据招聘网站的设置填写的电子简历；另一种是应聘者打印出来的纸质简历。无论是哪种简历，企业都应该做好相应的信息收集工作。

1. 纸质版简历信息的收集

在收集纸质版简历信息时，招聘人员应首先将整个招聘时间段内收集到的所有简历放在一起，并按照岗位对各简历进行分类，然后就可以按照关键词进行收集。

（1）如果按照"教育经历"这项内容进行简历收集，企业就可以将具有相同学历层次的简历分为一类，并按某种标准进行排序。

（2）如果按照"工作经历"这项内容收集简历信息，企业应该按照岗位要求对简历进行收集，如市场专员岗位，可以对有"市场宣传经验""市场活动策划经验""促销活动管理经验"等方面的简历进行收集；如果企业招收"招聘专员"，可以首先收集有"招聘工作经验""从事过招聘工作"的简历。

2. 电子版简历信息的收集

对于电子版简历，企业招聘人员应根据企业具体招聘岗位要求等对简历进行有目的的查看。例如，企业招聘"市场专员"，就应挑选应聘"市场专员"岗位或与该岗位相近的应聘者的简历进行下载，然后查看所挑选出的简历的"工作经历""教育经历""个人鉴定"等信息，根据这些项目确定的简历进行有序收集。

在挑选简历的过程中，招聘人员将挑选出的适合企业岗位的简历进行暂存，最好在计算机中新建一个文件夹进行存储。查看完所有的电子版简历后，企业招聘人员应对电子版简历进行整理，删除那些无用简历，将剩余简历进行打印装订，并与纸质版简历放置在一起。

6.1.2 系统匹配简历信息的收集

系统匹配简历通常是指招聘人员在招聘网站上输入招聘岗位名称，搜索与招聘岗位一致或相近的求职简历。

在使用系统匹配度收集简历信息时，招聘人员应注意以下工作事项，具体内容如图 6-1 所示。

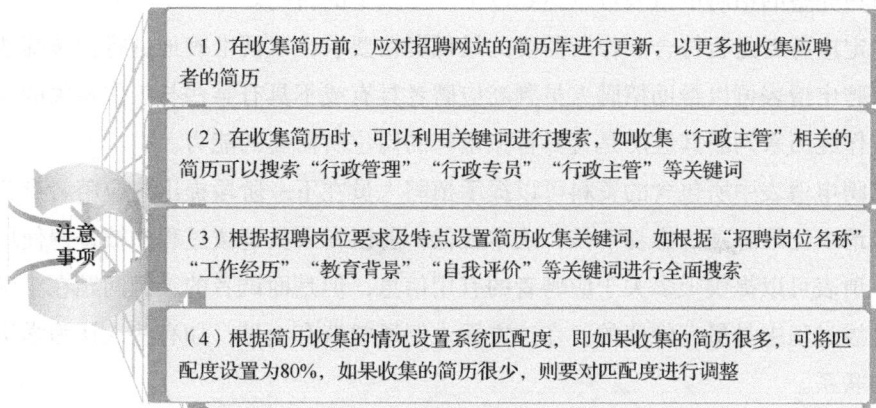

注意
事项

（1）在收集简历前，应对招聘网站的简历库进行更新，以更多地收集应聘者的简历

（2）在收集简历时，可以利用关键词进行搜索，如收集"行政主管"相关的简历可以搜索"行政管理""行政专员""行政主管"等关键词

（3）根据招聘岗位要求及特点设置简历收集关键词，如根据"招聘岗位名称""工作经历""教育背景""自我评价"等关键词进行全面搜索

（4）根据简历收集的情况设置系统匹配度，即如果收集的简历很多，可将匹配度设置为80%，如果收集的简历很少，则要对匹配度进行调整

图 6-1　系统匹配简历信息收集注意事项

熟悉以上注意事项后，招聘人员就可以根据系统匹配度收集应聘者简历，对其进行导出或下载并打印出来，贴上"面试"标签，就可以通知应聘者面试了。

【微课堂】

　　某公司业务发展迅猛，急需招聘一批人才。公司让人力资源部门通过网上或者其他渠道收集大量简历，并集中发送面试通知。试问，如何在短期内收集到众多符合公司需求的简历？

6.2

简历的筛选技术

在众多的简历中筛选出与拟招聘岗位要求匹配度较高的合格简历，已经为成功的招聘奠定了基础。那么，我们该如何筛选出合格的简历呢？这是本节我们要探讨的问题。

6.2.1　简历筛选的标准

应聘者个人简历的筛选技巧在本章上一节中已经做了介绍，此处以招聘申请表为例做相关阐述。

审核应聘者填写的招聘申请表，可以说是企业对应聘者初步选拔过程的第一步。典型的申请表需要应聘者填写背景资料，如姓名、住址、受教育程度、社会关系、工作经历、特长、兴趣爱好、要求的职位等。

一张填写完整的招聘申请表可以达到以下 3 个基本的目的。

一是确定应聘者是否符合工作所需要的最低资格要求，以便准确地进行初步筛选。

二是招聘申请表可以帮助招聘人员判断应聘者具有或不具有某些与工作相关的属性。例如，可以通过工作经历来判断其经历是否具备拟招聘的岗位所需要的能力。

三是招聘申请表中所包含的资料可以提示招聘人员在下一阶段提出与应聘者有关的潜在问题。招聘申请表比较客观，容易审核，成本较低，所以在人员选拔过程中被普遍使用。

招聘申请表可以提供很多关于应聘者的有用信息，但是面试者的关键问题在于确定哪些信息在人才选拔过程中是最有价值的，在这方面人们通常持有偏见，如有些人认为学历与管理能力有较强的联系。

国外的一些学者曾试图运用加权招聘申请表的方法进行人员的初步筛选。该方法的基本思路是选择某类员工作为分析对象，根据这些员工以往的工作绩效水平，分成一般组和优秀组，再根据他们在招聘申请表中填写的资格条件、家庭背景、文化程度等方面信息，进行深入的对比分析，最终设计出一套切实可行的评分体系，对应聘者进行初选。加权招聘申请表如表 6-1 所示。

表 6-1　　　　　　　　　　加权招聘申请表

婚姻资料	权重	受教育程度	权重	2 年以上工作经验	权重	曾担任过何种职务	权重
未婚	4	高中毕业	5	无	2	作业组长	5
已婚	7	高中肄业	5	生产	4	生产班长	5
离婚	2	职高毕业	5	营销	4	一线主管	5
分居	3	职高肄业	5	管理	4	科室主任	5
独居	4	大学毕业	6	技术	8	项目主管	6
抚养子女	4	大学肄业	6	生产	7	项目经理	6
赡养父母	4	研究生	7	文秘	6	公司经理	7
应聘者识别信息				行政	3	副总经理	8
应聘者姓名						总经理	9
身份证号码				初选结果			
拟招聘岗位				审核申报时间			

人力资源部门初选审核意见：

人力资源部门经理签字：
年　月　日

备注：

6.2.2　简历匹配度分析方法

在筛选应聘者简历时，有几种方法可以分辨简历的信息。其中一种方法就是人力资源部可对应聘者填写的各种应聘申请表格进行审查，淘汰那些不符合要求的应聘者。在分辨简历信息的匹配度时，需要注意 7 个方面的问题，如表 6-2 所示。

表 6-2　　　　　　　　　　　　　分辨简历信息的匹配度

方面	内容
学历、经验	学历、经验和技能水平适合岗位需求
职业规划	职业生涯的发展趋势，主要预计应聘者任职的稳定性。例如，其在一定时间内跳槽或转岗的频率
事实与行为、情况	履历的事实依据，要看是否实事求是，内容是否具有行为描述的特征。例如，当时的情景是什么？面对的任务是什么？采取了什么行动？结果如何
自我评价的适度性	适度地自我评价能够反映应聘者的素质和自我认知的客观性
推荐人的资格审定及内容的事实依据	主要看推荐人是否可靠、客观，提供的事实是否有说服力
书写格式的规范化	这能体现应聘者的基本素质；必要时要求提供手写的简历或信件
联系方式及应聘者的自由度	应聘者的这些要求应当得到尊重

简历的筛选程序主要有两步：一是根据专业、工作年限等进行普通筛选；二是根据与岗位相关的工作资历、培训状况、技术水平等进行细选。在条件同等、多中选一的时候，学历往往占优势。

6.2.3　挤掉简历中的"水分"

为了有效挤掉应聘者简历中的水分，招聘人员首先要弄清楚一般简历会在什么地方注水。长期从事招聘工作的招聘人员都知道，大多数简历"注水"的地方都会集中在学历、薪酬、工作经历等方面。

1. 核实学历信息

学历注水相对比较好解决，通过查询学信网就可以把假学历辨别出来，如果在面试的时候让应聘者提供学历的复印件予以核实，那么我们可以很快就把造假的简历筛选出来。

2. 核实薪酬信息

分辨应聘者原薪酬的真伪，可以根据对方原来的职位、行业背景、所在企业的背景等，来判断应聘者提供的原薪酬数目是否真实。如果原来其所处的就是一个微利行业的普通职位，应聘者硬要夸大自己的年薪收入，显然是不符合实情的。

3. 核实工作内容

核实应聘者的工作内容，可从以下两个方面来进行。

（1）将应聘者担任的职位和发挥的作用对应起来考核。例如，应聘者原来担任的只是一个大企业的普通人事主管，那么，企业的人力资源发展规划、薪酬设计等重要决策性工作，是不可能由他来独立完成的。所以，如果对方在这一点上夸大业绩，就会露出破绽。

（2）查看履历的事实依据。要看写得是否实事求是，内容是否具有行为描述的特征。例如，当时的情景是什么？任务是什么？采取了什么行动？结果如何？

一般简历中的成绩方面最好要用数字说话，如人力资源经理可以这样描述自己的成绩：将公司的人才流失率从 20% 降到 10%；人岗匹配率从 50% 提高到 90%；通过人员的调整，人均产值从多少上升到多少等实际数据，这样更能给人以真实感。

简历的筛选与核实

【微课堂】

> 如何从众多的简历中筛选出企业需要的人才是招聘人员必备的技能之一，这也是把好企业人员入口关的第一个环节。除了文中提及的"硬性指标"和"软性指标"外，简历中哪些细节还可以作为简历筛选的依据？

6.3 | 人才库的建立

6.3.1　人才库的信息来源

人才库是企业储备各类人才的场所，发挥为企业源源不断输入业务发展所需各类人才的作用。人才库的信息来源主要包括以下 3 个。

1．企业内部人才

企业内部人才是指在企业关键岗位上任职，对企业稳定运行、经营效益增长有着重要作用的人员，如企业业务管理人员、高级技术人员、各专业骨干等。招聘人员应对上述类型人才进行内部调整，调整过程中发现各类人才，并在具体实践过程中造就人才，充实企业人才库，以便在相关岗位出现空缺时，可以考虑进行内部人才调动。

2．企业外部人才

企业外部的人才主要包括以下 3 类。

（1）在职期间表现良好的离职人员。

（2）通过企业面试等考核但未被录取的优秀人才。

（3）同行业优秀人才。

3．其他来源

针对企业招聘频率较高的岗位提前进行简历搜索并储存的人才，在有相关岗位人员空缺时联系。

6.3.2　人才库的人才分类

备用简历信息库的分类标准包括但不限于下列几个方面，如图 6-2 所示。

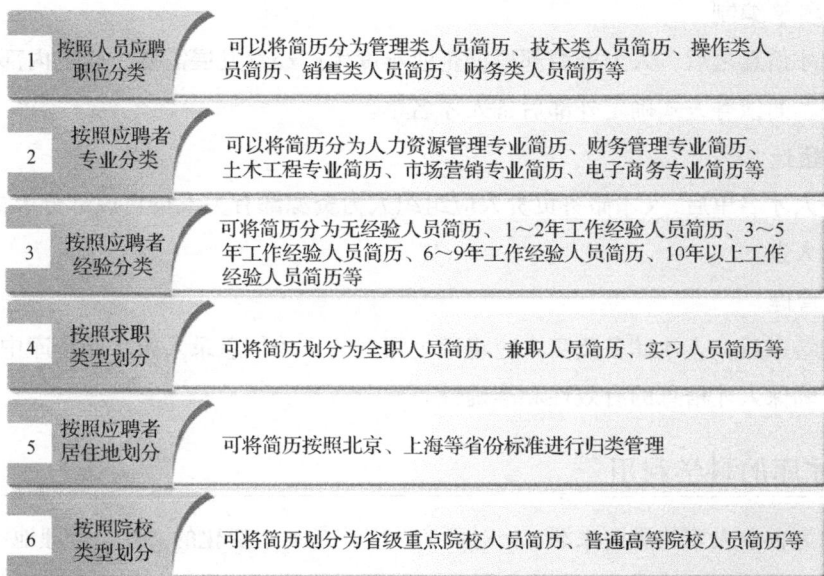

1	按照人员应聘职位分类	可以将简历分为管理类人员简历、技术类人员简历、操作类人员简历、销售类人员简历、财务类人员简历等
2	按照应聘者专业分类	可以将简历分为人力资源管理专业简历、财务管理专业简历、土木工程专业简历、市场营销专业简历、电子商务专业简历等
3	按照应聘者经验分类	可将简历分为无经验人员简历、1～2年工作经验人员简历、3～5年工作经验人员简历、6～9年工作经验人员简历、10年以上工作经验人员简历等
4	按照求职类型划分	可将简历划分为全职人员简历、兼职人员简历、实习人员简历等
5	按照应聘者居住地划分	可将简历按照北京、上海等省份标准进行归类管理
6	按照院校类型划分	可将简历划分为省级重点院校人员简历、普通高等院校人员简历等

图 6-2　备用简历信息库的分类标准

6.3.3　人才库的评选程序

在确定人才库的信息来源及分类之后，需要对人才库的评选程序加以明确，为人才库的科学利用奠定基础。人才库的评选程序如图 6-3 所示。

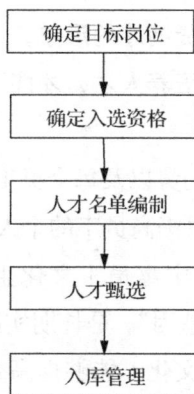

确定目标岗位 → 确定入选资格 → 人才名单编制 → 人才甄选 → 入库管理

图 6-3　人才库的评选程序

1．确定目标岗位

针对企业的业务特点和经营状况，人力资源部应确定人才库的主要目标岗位，如企业的关键岗位、人员流动率大的岗位、不可替代性的岗位等。

2．确定入选资格

确定岗位之后，人力资源部应根据企业实际经营发展状况以及员工工作情况明确储备人才的入选资格，为人才选择提供依据。

3．人才名单编制

在收集人才信息之后，人力资源部根据企业年度生产经营发展需要，确定内部储备人才名单；通过招聘、面谈等方式确定外部后备人才名单。

4．人才甄选

确定储备人才名单后，人才储备负责人应组织人力资源部有关人员对该部分人员进行甄选，从而确定入库人选。

5．入库管理

人才甄选结束后，人才储备负责人应将通过甄选的人才信息录入人才储备库中，并与之保持定期联系，确保人才信息的有效性和准确性。

6.3.4 人才库的科学利用

人才库作为企业人才的重要来源，相对而言，应该是动态变化的。科学合理地利用人才库，可以帮助企业不断补充人才梯队，提拔有潜力、有能力的员工，适应企业不断发展的人才需求。那么如何科学地利用人才库呢？主要应做到以下几点。

1．建立并完善人才招聘机制，从应急到储备

人力资源部应根据企业不同时期的用人需要，做出相应的招聘计划，并对所储备的人才进行面试、筛选和任用。

对于暂时没有职位需求的优秀人才，可将其存入储备人才库，以备将来需要时调用，防止人才断层。此类人才虽然暂时不能在企业就职，但是人力资源部门的负责人应加强与其沟通和联系，营造企业人才磁场，宣扬企业招贤纳才的形象，以便吸引优秀人才。

企业只有定期储备、培训、锻炼、培养人才，才能随时应对相关岗位人才空缺的困境。

2．完善各项机制，促进员工发展

企业应该根据企业现状和未来发展趋势以及每个员工的不同特点，有针对性地建立并完善企业人才培训、考核、奖罚、晋升机制，以提高员工的个人能力，帮助他们适应更高岗位的需求。

3．建立健全企业文化管理机制，丰富员工文化生活

企业文化是一家企业难以复制的"基因"，是长期实践中形成的风貌。企业文化对企业的发展有着重要的影响，好的、适合的企业文化，能够提高企业的凝聚力，激发员工的进取精神，稳定企业的员工队伍，同时有助于巩固企业人才库的稳定性。

4．人才库的电子化管理

对于入库的应聘者的简历，招聘人员应对其进行电子化处理及定期维护。企业人力资源工作人员通过运用 HR 管理软件，可以对人才库数据进行排序、筛选、分类汇总与分析等，为人员的使用提供参考。

【微课堂】

　　某企业欲拟定一则"人才库管理办法/制度"，如果让你来制定，你会从哪几个方面来设计？

复习与思考

1. 招聘人员筛选合格简历的标准有哪些？
2. 在审阅简历时，我们如何辨识简历信息的真伪？有哪些关键点？
3. 什么样的简历值得招聘人员进一步了解？

知识链接

IBM 的"长板凳计划"

　　长板凳计划，又称 IBM 接班人计划，是指企业通过确定和持续追踪关键岗位的高潜能人才，并对这些高潜能人才进行开发和培养，为企业的持续发展提供人力资本方面的有效保障。IBM 认为人员的继任计划不是某一时间段的事情，而是人才管理的持续过程。

　　IBM 要求主管级以上员工将培养手下员工作为自己业绩的一部分。每个主管级以上员工从上任开始，都面临一个硬性指标：确定自己的位置在一两年内由谁接任；三四年内由谁接任；甚至你突然离开了，谁可以接替你，由此发掘一批有才能的人。

技能实训

实训内容	设计一份优秀简历的模板
简历是应聘者向企业表明自己拥有能够满足特定工作要求（如技能、态度、资质和自信等）的用于应聘的书面交流材料。请你设计一份优秀简历的模板。 你可以从"个人基本信息、应聘职位、学习情况、工作经历/社会经验、兴趣爱好"等方面来设计。	

【本章知识导图】

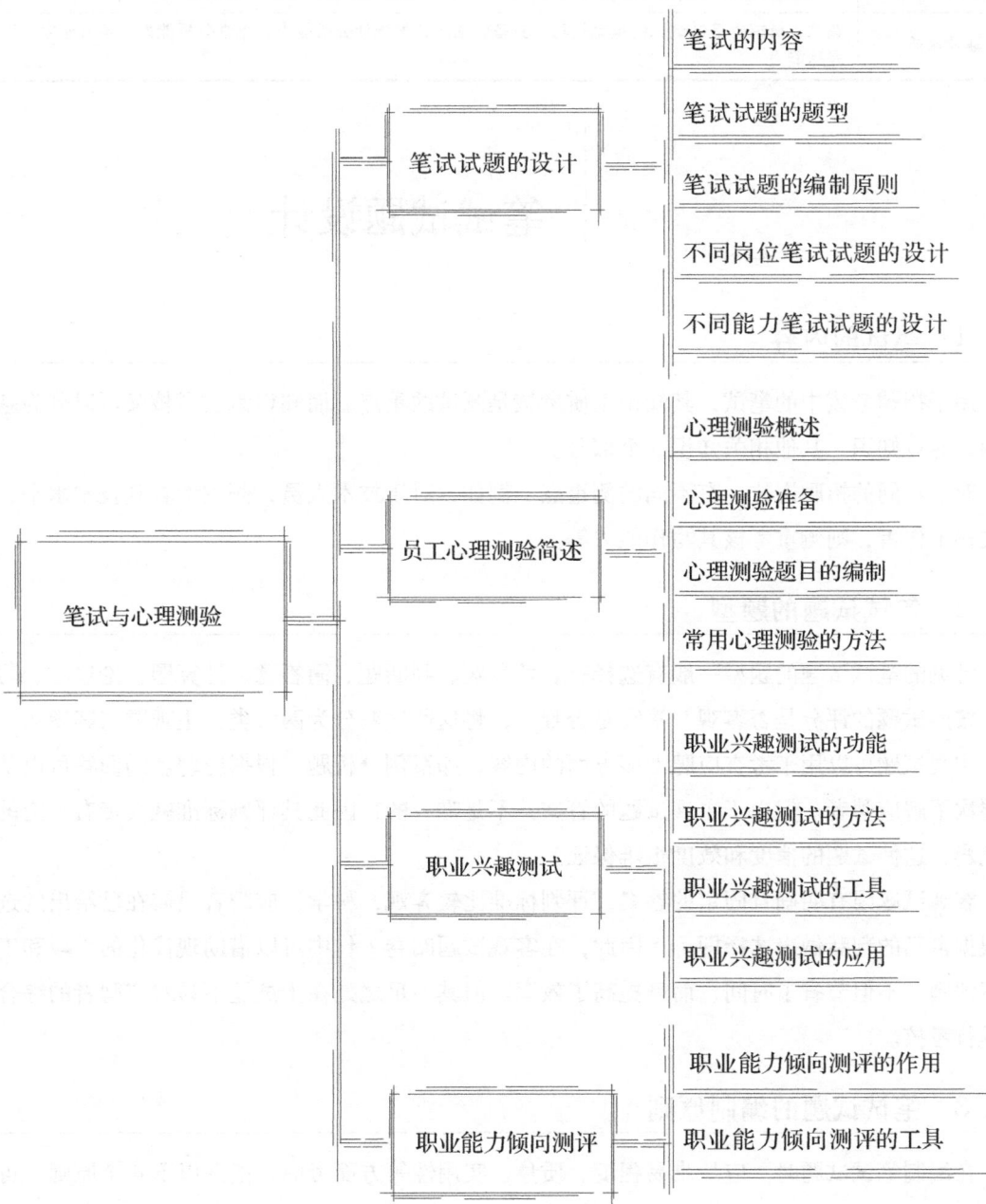

```
                                          ┌─ 笔试的内容
                                          │
                                          ├─ 笔试试题的题型
                              笔试试题的设计 ├─ 笔试试题的编制原则
                                          │
                                          ├─ 不同岗位笔试试题的设计
                                          │
                                          └─ 不同能力笔试试题的设计

                                          ┌─ 心理测验概述
                                          │
                              员工心理测验简述 ├─ 心理测验准备
                                          │
                                          ├─ 心理测验题目的编制
                                          │
                                          └─ 常用心理测验的方法
     笔试与心理测验
                                          ┌─ 职业兴趣测试的功能
                                          │
                              职业兴趣测试   ├─ 职业兴趣测试的方法
                                          │
                                          ├─ 职业兴趣测试的工具
                                          │
                                          └─ 职业兴趣测试的应用

                                          ┌─ 职业能力倾向测评的作用
                              职业能力倾向测评 │
                                          └─ 职业能力倾向测评的工具
```

【学习目标】

职业知识	• 明确笔试题目编制的内容、题型、原则 • 了解心理测验的理论 • 知晓心理测验的类型与方法
职业能力	• 能够从难易程度、质量、实用性等方面考虑，编制信度高、客观、严谨的笔试试题 • 灵活运用恰当的人才测评方法实施人才测评 • 通过对测评的数据进行统计与分析，为人力资源管理提供科学的决策依据
职业素质	熟悉人员招聘笔试试题的编制技巧，具备较强的数据统计分析能力、思维分析能力、学习能力、沟通表达能力

7.1 笔试试题设计

7.1.1 笔试的内容

用于招聘考核中的笔试，其知识素质考核是测试的重点。而知识素质考核又可以分为基础知识、专业知识、其他相关知识3个部分。

对于不同的招聘岗位，有不同的侧重点。例如，对于技术人员，侧重考查其技术水平；对于文秘工作者，则侧重考核其写作能力等。

7.1.2 笔试试题的题型

常见的笔试试题的题型一般有选择题、填空题、判断题、简答题、计算题、论述题、写作等，按照试题的评分是否客观、答案是否唯一，将这些试题分为两大类：主观题与客观题。

主观试题可以用来考查应聘者多方面的内容，如案例分析题，根据应聘者的回答可以从更深层次了解应聘者。但由于主观试题的答案并不是唯一的，因此其评判标准就会带有一定的主观色彩，这使试题的信度和效度很难保证。

客观试题因有明确且固定的答案，评判标准比较客观，科学，应聘者只需在已给出的选项中根据自己的判断做出选择即可。因此，在客观试题阅卷工作中可以借助现代化的手段和工具进行评判，不但节省了时间，而且提高了效率。但其不足之处在于试题不易对应聘者的综合素质进行考核。

7.1.3 笔试试题的编制原则

在编制笔试试题时，应从难易程度、质量、实用性等方面考虑，把握以下4个原则，可以使人员的筛选更加客观、有针对性。

1. 难度适中

笔试试题的整体难度要适中，若题目太难，只有少数应聘者会通过，对以后的招聘工作会有不利影响；若题目编制太简单，则失去了笔试筛选的意义。

2．信度高、效度大

信度高、效度大，这是对笔试质量的要求。

3．实用性强

通过笔试的方式来筛选应聘者，必须从企业的实际出发，根据企业的实际条件和招聘工作的需要来安排笔试的人力、物力、时间及费用等事宜，以最少的人力和费用支出，达到较为满意的效果。同时，除了保证试题本身的质量外，还需注意其后续工作（如阅卷工作等）顺利而有序地进行。

4．客观、严谨

笔试试题的客观、严谨，就是要保证试题题目及答案的准确性、试题结构形式设计的合理性。

7.1.4　不同岗位笔试试题的设计

1．××公司行政秘书岗位笔试试题

一、单项选择题

一般智力测验 1～5 题

1. 3、5、9、17（　B　）。

　　A．29　　　　　　B．33　　　　　　C．30　　　　　　D．40

2. 现有 37 人需要渡河，只有一只小船，小船每次只能载 5 人，需要往返（　C　）次才能渡完。

　　A．7　　　　　　B．8　　　　　　C．9　　　　　　D．10

3. 房子与门的关系就如水杯对（　C　）。

　　A．水　　　　　　B．玻璃　　　　　　C．盖子　　　　　　D．盘子

4. 甲乙丙丁四个小孩在外面玩耍，其中一个小孩不小心打碎了邻居家的一块玻璃，邻居家的主人过来，想问问是谁打破的玻璃。

甲："是丙打碎的。"

乙："不是我打碎的。"

丙："甲在说谎。"

丁："是甲打碎的。"

他们四个人中，只有一个人说的是真话，其余三个都是假话。

请问：是谁打碎的玻璃？（　B　）

　　A．甲　　　　　　B．乙　　　　　　C．丙　　　　　　D．丁

5. 一商店老板一小时内售出了两件物品，都以 120 元的价格卖出，其中一件损失 25%，另一件盈利 25%，请问商店老板实际损失多少？（　C　）

　　A．64 元　　　　　　B．36 元　　　　　　C．16 元　　　　　　D．以上都不正确

语言理解能力 6～11 题

6. 下列词语中，书写完全正确的一组是（ C ）。

    A. 管窥之间   再接再厉   掌上明珠   在所不惜

    B. 愦不成军   决口不题   待价而沽   殚见洽闻

    C. 奉行故事   鞠躬如仪   驽马十驾   义不容辞

    D. 重足而立   枭首示众   上下其手   万世留芳

7. 随着工业的发展和人口的增长，排放的废污水量也相应地（ A ）增加，从而导致了许多江、河、湖、海及地下水受到严重的污染。

    A. 迅猛   B. 急剧   C. 迅速   D. 剧烈

8. 他对武侠小说的（ D ），使他不再专心学习，以至于学习成绩有很大的退步。

    A. 热爱   B. 爱好   C. 痴迷   D. 迷恋

9. 下面四句话中，有歧义的一句是（ D ）。

    A. 天桥拐角处坐着一位老人，盘腿而坐，吹着一个小口风琴

    B. 他仿佛看见父亲的发怒的眼睛责备地望着他

    C. 他对你说的一番话，我看你一句都没听进去

    D. 我已经和你父亲说好了，周末咱们一块去

10. 下面四句话中，没有语病的一句是（ C ）。

    A. 考试结束了，李杰估计自己的总分至少在560分以上

    B. 该地区的果农们彻底地解决了苹果容易烂、容易卖不出好价钱的缺点

    C. 老师的一席话，引起了我们的深思

    D. 经过全体员工一年的辛勤努力，该企业的亏损面已大幅度地下降，经济效益也比去年有明显的好转

11. 小林认为自己的领导从来不会认为他在日常工作中不是一个兢兢业业工作的员工。请问：小林的领导认为小林是不是一个兢兢业业的员工？（ B ）

    A. 不是   B. 是   C. 没表明态度   D. 不太好说

专业知识测试 12～24 题

12. 秘书人员要具有（ A ）的美德。

    A. 谦虚谨慎   B. 唯命是从   C. 谨小慎微   D. 察言观色

13. 各行各业都有其自己的职业道德，秘书人员也须加强职业道德修养，其中很重要的一条是不可（ C ）。

    A. 有自己的想法和创新

    B. 更多地考虑自己的私人利益

    C. 假借上级的名义以权谋私

    D. 做好自己分内的事情，对公司的其他事情漠不关心

14. 公司在做会议记录时，要把可有可无或重复的语句删去，尽可能做到既注重精，还要注重详，则需采用（ B ）记录法。

    A. 纲要   B. 精详   C. 精要   D. 补充

15. 根据《中华人民共和国劳动法》的规定，发生（ C ）情形时，劳动合同即可终止。

    A. 试用期限届满   B. 企业地址变更

    C. 企业被宣告破产的   D. 劳动者因工伤尚在医疗期不能从事工作的

16. 秘书人员不准向客人索要礼品，如对方主动赠送，应婉言谢绝，若无法谢绝的应该（ B ）。

    A. 收下归自己所有   B. 收下后上交公司   C. 及时汇报   D. 先收下，后退回

17. 秘书接待工作的三项主要任务分别是：安排好来宾的工作事宜、生活接待工作和（ D ）。

    A. 学习   B. 参观访问   C. 培训活动   D. 业余文化娱乐活动

18. 进行档案存放管理和维护档案完整与安全的活动属于档案（ B ）。

    A. 整理工作   B. 保管工作   C. 统计工作   D. 分析工作

19. 档案部门的检索工具，按照编制的方法，其中之一是（ B ）。

    A. 人名索引   B. 指南   C. 全宗指南   D. 案卷目录

20. 立卷类目是（ C ）。

    A. 案卷名册   B. 移交目录   C. 案卷目录   D. 分类归卷方案

21. 根据有关规定，我国档案保管期限的档次分为（ B ）。

    A. 永久、定期   B. 永久、长期、短期

    C. 永久、长期、短期、不归档   D. 永久、长期、短期、不移交

22. 标引一份公文文稿，首先是从（ C ）开始。

    A. 分析主题   B. 查表选词   C. 审计文稿   D. 概念组配

23. 多级上行文（ D ）。

    A. 在少数特殊情况下才可以采用

    B. 是上行文最基本的行文方式

    C. 是上行文一般使用的行文方式

    D. 只有在少数十分特殊必要的情况才可以采用

24. 通用文书中指挥性文书有（ A ）。

    A. 命令、指示、决定、条例等   B. 命令、指示、决定、批复等

    C. 命令、指示、决定、规定   D. 命令、批示、决定、办法等

二、多项选择题

主要用于考查专业知识掌握程度

1. 接待工作中的握手礼仪要求有（ ABCD ）。

    A. 距离受礼者约一步，上身略向前倾   B. 四指并拢，拇指伸向受礼者

    C. 两足立正，伸出右手   D. 由年长者、身份地位高者、女性先伸手

2. 文档检索的方法主要有（ ＡＢＣＤ ）。

   A. 按事件主题检索法　　　　　　　　 B. 按部门机构检索法

   C. 地区检索法　　　　　　　　　　　 D. 时间检索法

3. 对一般秘书部门而言，保密工作主要内容有（ ＡＢＣ ）。

   A. 文件保密　　　　　　　　　　　　 B. 会议保密

   C. 一般工作保密　　　　　　　　　　 D. 来访保密

4. 为安排好领导参观活动，应做好（ ＡＢＣ ）准备。

   A. 物质　　　　　 B. 思想　　　　　 C. 资料　　　　　 D. 保健

5. 会议的名称可以由（ ＡＢＣ ）几部分构成。

   A. 主办单位的名称　　　　　　　　　 B. 会议的主题

   C. 内容及会议的性质　　　　　　　　 D. 会议的范围

三、简答题

1. 您认为秘书人员的主要工作是什么？如果您现在已经成功地应聘上这个职位，您打算如何做好自己的本职工作？

   测评要点： 计划分析能力

   　　　　　　语言表达能力

2. 您认为做一个合格的秘书，应该具备哪些素质？

   测评要点： 基本知识的掌握能力

3. 您工作表现很好，因此也得到了领导的赏识，但却遭到了同事的非议，这种情况下，您怎么化解这一局面？

   测评要点： 应聘者的人际沟通能力

4. 在工作中，如果领导交给您一项工作，而您知道那是不合理的，此时，您打算怎么办？

   测评要点： 解决问题的能力

   　　　　　　综合素质

四、写作

即将到年底，公司要召开年会，现在总经理让您写一份大会上的发言稿，字数要求为500～800字。

测评要点： 公文写作能力

××公司招聘专员笔试试题

一、单项选择题

一般智力测试1～5题

1. 8、10、18、28、46 （ Ｂ ）。

   A. 84　　　　　 B. 74　　　　　 C. 85　　　　　 D. 75

2. 243、81、27、（ Ａ ）、3。

   A. 9　　　　　 B. 18　　　　　 C. 12　　　　　 D. 1

3. 小王在一次考试中得了 96 分，考题都是选择题，答对一题得 4 分，不做或者做错一道题都得倒扣 2 分，请问：他做对了（ C ）道题。

    A. 25   B. 27   C. 26   D. 24

4. 下面几个词语中，与其他 3 个选项是不同类别的是（ C ）。

    A. 地图   B. 指南   C. 图书   D. 电话黄页

5. 市场部因业绩突出，年底得到一笔奖金，该部门共有 4 名员工：经理 1 名、员工 3 名，其中，经理的奖金是员工奖金的 2 倍，奖金共计 10 000 元，请问：员工的奖金总共是多少？（ B ）

    A. 3 000 元   B. 6 000 元   C. 4 000 元   D. 2 000 元

专业知识测试 6～15 题

6. 不属于内部招聘的方法的是（ B ）。

    A. 员工推荐   B. 人才招聘会   C. 发布职位公告   D. 人力资源技能清单

7. 招聘的基本程序是（ C ）。

①招聘准备 ② 招聘评估 ③ 招聘信息的发布 ④ 人员选拔 ⑤ 录用决策

    A. ①②③④⑤   B. ③①④⑤②   C. ①③④⑤②   D. ③①⑤④②

8. 人员招聘的直接目的是（ D ）。

    A. 为企业做宣传   B. 招聘最优秀的人才

    C. 为企业做人才储备   D. 招聘到企业所需要的人才

9. 工作分析的方法不包括下列哪一种（ D ）。

    A. 工作日志法   B. 问卷调查法   C. 观察法   D. 职业倾向测试

10. 人才招聘会较适合于招聘（ D ）类型的人才。

    A. 高层管理者   B. 专业人才   C. 热门人才   D. 中下级人才

11. 在应聘者人数较多的情况下，为了节省时间达到筛选人员的目的，一般采用（ A ）的方法。

    A. 笔试   B. 面试   C. 评价中心   D. 心理测验

12. 下列哪一项是影响招聘效果的外部因素？（ C ）。

    A. 企业的知名度   B. 企业文化

    C. 外部劳动力市场供求状况   D. 企业的发展阶段

13. 用人部门向人力资源部门提交人员需求申请表时，人力资源部门应该从以下哪个方面去审核其人员需求是否合理（ C ）。

    A. 人力资源成本预算的角度

    B. 所需人员学历的高低

    C. 部门工作任务的分配、人员配置的情况

    D. 申请对象的薪酬水平

14. 劳动合同订立时所依据的客观情况发生重大变化，致使原劳动合同无法履行，经当事人协商不能就变更劳动合同达成协议，由用人单位解除劳动合同的，需支付给员工的经济补偿金为（ A ）。

　　A. 根据劳动者在用人单位的工作年限，工作时间每满1年发给相当于1个月工资

　　B. 根据劳动者在用人单位的工作年限，工作时间每满1年发给相当于1个月50%的工资

　　C. 根据劳动者在用人单位的工作年限，工作时间每满1年发给相当于1个月25%的工资

　　D. 不需支付补偿金

15.《中华人民共和国劳动法》对试用期的规定为：劳动合同期限在一年以上，两年以下的，试用期不得超过（ C ）个月。

　　A. 半　　　　　　B. 1　　　　　　C. 2　　　　　　D. 6

二、多项选择题

主要用于考查专业知识的掌握程度

1. 根据人员来源渠道不通，招聘分为（ AC ）。

　　A. 内部招聘　　　B. 员工推荐　　　C. 外部招聘　　　D. 猎头企业

2. 招聘的基本原则是（ ABCD ）。

　　A. 能级对应　　　B. 因岗择人　　　C. 公平公正　　　D. 协调互补

3. 招聘工作的基础和前提是（ AD ）。

　　A. 工作分析　　　　　　　　　B. 制订招聘计划

　　C. 制定招聘策略　　　　　　　D. 人力资源规划

4. 面试官的人员一般由（ ABC ）组成。

　　A. 人力资源部人员　　　　　　B. 用人部门主管

　　C. 独立评选人　　　　　　　　D. 高校教师

5. 编制笔试题目应遵循（ ABCD ）的原则。

　　A. 区分度明显　　　　　　　　B. 信度高

　　C. 效度大　　　　　　　　　　D. 实用性强

6. 按照面试官人数，面试可以分为（ AB ）。

　　A. 个人面试　　　　　　　　　B. 集体面试

　　C. 压力面试　　　　　　　　　D. 行为描述性面试

7. 工作分析信息的主要来源有（ ABC ）。

　　A. 岗位任职者提供的信息

　　B. 工作分析人员到工作岗位的现场观察

　　C. 任职者直接领导提供的信息

　　D. 工作分析者自己根据相关信息得出的结论

8. 与外部招聘相比，内部招聘的优点有（ BC ）。

　　A. 为企业注入新鲜的血液，吸收新观念　B. 员工能较快地适应新工作

　　C. 提高员工的忠诚度　　　　　　D. 招聘成本较高

9. 人员甄选录用计划的内容主要包括（ A B C D ）。

    A. 录用人数   B. 录用标准   C. 录用对象   D. 录用费用预算

10. 劳动合同的主要内容有（ A B C D E ）。

    A. 劳动合同期限和工作内容   B. 劳动保护和劳动条件

    C. 劳动报酬和劳动纪律   D. 劳动合同终止的条件

    E. 违反劳动合同的责任

三、名词解释

1. 结构化面试

2. 人力资源成本

3. 效度和信度

4. KPI 指标

5. 工作分析

测评要点：专业基础知识

四、简答题

1. 招聘的主要渠道及各自的优缺点。

2. 简述招聘的流程。

3. 设计招聘方案。

某电子科技公司因业务发展的需要，需招聘销售经理 1 名，文秘 1 名。请您为该公司设计一个招聘方案。

测评要点：专业基础知识

五、案例分析

招聘最适合的人才而不是最优秀的人才是公司招聘众所周知的道理，可在实际招聘过程中，如何保证招聘效果却是令众多人力资源部门经理头疼的问题。

某民营公司位于华北地区，因公司发展迅速，急需招聘以下人员：副总经理 1 名、专业技术人员 6 名、基层管理者 5 名。现公司在报纸上发布了招聘信息，并且参加了当地的人才招聘会。

请问：1. 该公司选择的这两种招聘渠道能否达到预期的效果？请说明理由。

      2. 该公司的招聘渠道选择是否合理？如果不合理，请您为该公司制定一个招聘策略。

测评要点：专业基础知识

          综合素质

7.1.5　不同能力笔试试题的设计

1. 逻辑推理能力试题开发

逻辑推理能力是一个人运用给出的信息和已掌握的知识，综合运用理解、分析、综合、判断、归纳等方法，引出概念，寻求规律，对事物间的关系或事件的趋势做出合理判断与分析，确定解决问题的途径和方法的能力。以下试题可以用来在面试中考查应聘者的逻辑推理能力，供读者参考。

逻辑推理能力笔试题

1. 屋里有三盏灯，屋外有三个开关，一个开关仅控制一盏灯，人在屋外看不到屋内的情况。怎样能只进屋一次，就知道哪个开关控制哪盏灯呢？

2. 一个岔路口分别通向诚实国和说谎国，诚实国人永远说实话，说谎国人永远说谎话。路上来了两个人，已知一个来自诚实国，一个来自说谎国。你该如何问路上来的这两个人才能确定哪条路通往说谎国？

3. 一位逻辑学家误入某部落，被囚于牢狱，酋长有意放行，遂对逻辑学家说："今有两门，一为自由，一为死亡，你可以任意开启一门。先从两个卫兵中选择一人负责回答你所提的任意一个问题，其中一个天性诚实，另一个说谎成性，今后生死由你选择。"逻辑学家该如何发问才能得到自由？

4. 有23枚硬币放在桌子上，其中10枚正面朝上。假设你被蒙住眼睛，而用手又摸不出硬币的正反面，如何把这些硬币分成两堆，且每堆中正面朝上的硬币数目相等？

5. "医院里的医生和护士，包括我在内，总共是16人。下面讲到的人员情况，无论是否把我计算在内，都不会有任何变化。在这些医护人员中：

（1）护士多于医生；

（2）男医生多于男护士；

（3）男护士多于女护士；

（4）至少有一位女医生。"

请问这位说话者是什么性别和职务。

参考答案：

1. 先打开一盏灯，过一段时间后关掉，再打开另一盏灯，随后进屋看，关着且灯泡发热的便是之前打开又关掉的那盏灯，其余两盏灯则很好区分了。

2. 哪条路不到你们国家？

3. 逻辑学家手指一门问身旁的卫兵说："这扇门是死亡门，他（指另一名卫兵）将回答'是'，对吗？"当被问卫兵回答"对"时，则逻辑学家开启所指的门从容离去；当被问卫兵回答"否"时，则逻辑学家开启另一扇门从容离去。

4. 首先将这些硬币分成两堆，分别为10枚和13枚，然后将10枚那堆的各枚硬币翻转上下面，现在两堆硬币中正面朝上的硬币数目便相等了。

5. 女护士。

---

2. 通用管理能力试题开发

管理能力是指直接影响管理人员完成管理工作的效率及效能的能力要素。根据管理职能的划分方法，通用的管理能力可以划分为计划能力、组织能力、决策能力、激励能力、控制能力和沟通能力，具体如表7-1所示。

表 7-1   管理人员通用管理能力构成表

能力名称	能力定义
计划能力	（1）指管理人员正确确立企业发展的目标、制定全局战略等各种活动的能力 （2）计划决定企业的发展方向和前进道路，因此对于管理人员尤其是高层管理人员来说，计划能力是一种至关重要的能力要素
组织能力	（1）指管理人员合理有效配置企业的人、财、物等各种资源，形成高效组织结构的能力 （2）良好的组织能力有利于统一组织结构的责、权、利，有利于控制组织结构的层次和幅度
决策能力	（1）指管理人员根据企业经营环境的特点，快速、准确地做出各种决定的能力 （2）良好的决策能力是企业管理人员必备的能力要素之一
激励能力	是管理人员领导能力的重要体现，主要是指调动员工工作的积极性、主动性和创造性的能力
控制能力	（1）指管理人员监督各项经营活动按计划进行、纠正重要偏差的能力 （2）管理人员的有效控制是实现企业战略目标和短期经营计划的关键
沟通能力	在实际工作中，管理人员沟通能力的具体体现有说服能力、表达能力、人际交往能力、获取信息的能力、冲突解决能力等

以下试题可以用来在面试中考查应聘者的沟通能力，供读者参考。

沟通能力笔试题

一、与上级沟通

1. 讲一个您和您的老板有分歧的事例，您是怎样处理这些分歧的？

2. 如果您发现您的老板要犯一个很大的判断性错误时，您该怎么办？

3. 回忆一下与您共事过的老板，您认为他们工作中各自的缺点是什么？

4. 假如您不得不改变一个公司中比您职位高的人，公司的人都知道这个人思维和工作都很死板，您打算怎么办？

二、与同事沟通

1. 若您的经理让您告诉您的某位同事"表现不好就走人"，您该怎样处理这件事？

2. 假如公司准备派您和一位跟您关系十分不好的同事一起去外地出差，而且由您负责，那么您将如何完成任务？

3. 假设您在某部门工作，成绩比较突出，得到了领导的肯定。但同时您发现同事们越来越孤立您，您怎么看这个问题？您准备怎么办？

4. 请举例说明当您和您的同事在工作中产生分歧时，对方的观点是什么以及对方的论据何在？您们是如何解决分歧的？

三、跨部门沟通

1. 请讲一个这样的经历：为了完成某项工作，您需要另一个部门提供十分重要的信息；但另一个部门认为，为您的部门收集信息不是他们的工作重点。您该怎样解决这个问题？

2. 当您的工作需要其他部门协助时，您是如何取得其他部门配合的？请举例说明。

3. 请讲一个您和其他部门因部门间工作协调而发生冲突的经历。问题是怎样解决的？您在解决这个问题中起了什么作用？

沟通能力笔试题

四、与客户沟通

1. 若让您在公司客户答谢会上发言，作为销售总监的您该怎样准备发言稿？

2. 如果您接到一通客户的抱怨电话，且确知无法立即解决他的问题时，您会如何处理？

3. 在一次客户推广会上，某客户向演讲嘉宾提问，但是他说话不清楚，作为演讲嘉宾的您还必须听懂他的话，您将怎么办？

五、说服与影响他人

1. 假如您不得不劝说您的同事付出额外的努力以完成某项任务，您将如何劝说他？

2. 请告诉我您曾经劝服他人做某事的一次经历。当时情况是怎样的？您是如何劝服此人的？

3. 请您讲一下和一个有非常糟糕习惯的人在一起工作的经历。您是通过怎样的沟通使对方改变不良行为的？

4. 谈谈您的这样一次经历：您的团队拒绝了您的建议，您是怎样劝说团队接受您的观点的？

六、协调能力

1. 请举例说说您在工作中遇到的最常见的矛盾和冲突，您是用什么方法来解决这些矛盾和冲突的？

2. 您认为一个管理者在调解员工间矛盾上应起到什么作用？请举例说明，在解决矛盾方面，什么时候参与有必要？什么时候参与没有必要？

3. 假如您是足球队队长，而队中有两名队员有些不和，他们都是主力队员，而此时有一场重要比赛，您如何去协调处理？

答案：（略）

【微课堂】

> 为保证考核结果的客观性，招聘人员应针对不同的招聘、不同的能力要求设计笔试试题。请以某一类人员为例，针对理解能力、专业知识、表达能力的测试，分别设计 3 道对应的笔试题目。

7.2 员工心理测验简述

随着人们之间的分工越来越精细，工作本身对人的素质和心理适应性的要求也越来越高。心理测验的运用可以使人事决策更为科学、准确。通过心理测验，可以对个体的兴趣、人格、能力、技能等多方面进行分析，为实现人才的合理安置提供信息，心理测验也由此受到了各方面的普遍关注。

7.2.1　心理测验概述

心理测验（Psychological Test），又称心理测评或心理测试，是指通过一些心理学方法来测评人的能力水平和人格方面特征的一种科学方法。心理测验可以反映应聘者的能力特征，预测其发展潜能，也可以测定应聘者的人格品质及职业兴趣等。美国心理学家卡特最先提出心理测验这个词。

心理测验设计

1．心理测验的 5 个要素

心理测验是对行为样本的客观的和标准化的测量，是人力资源测评的重要手段。它包含行为样组、标准化、难度的客观测量、信度和效度 5 个基本要素，具体内容如表 7-2 所示。

表 7-2　心理测验的 5 个基本要素

要素名称	主要内容
行为样组	（1）对一类事物的某种特性进行考查，无法逐个观测，抽取这类事物中有典型代表性的一部分观测，推论该事物的普遍特性 （2）个体对所抽选出来的问题的解决行为就叫作行为样本
标准化	（1）标准化是指测验编制、实施、计分和测验分数解释必须遵循严格的统一的科学程序 （2）测验题目的标准化、实施过程和计分的标准化、选有代表性的常模等
难度的客观测量	（1）测验题目的难度水平影响到测验的客观性 （2）测验题目太容易或者太难都会影响对测验的客观测量，使所有被测者的反应趋于一致，消除了个体差异
信度	（1）信度是指测验结果的可靠性、稳定性，即测验结果是否反映了被测者的稳定的、一贯性的真实特征 （2）体现为测验结果跨时间的一致性、测验内容一致性、不同评分者之间一致性
效度	（1）效度是指所测量的结果反映所想要考查内容的程度 （2）测量结果与要考查的内容越吻合，则效度越高；反之，则效度越低

2．心理测验种类与形式

心理测验是设计一套科学的测评量表，将应聘者的心理特征数量化，通过应聘者的回答来评估其智力水平及个性方面的差异。

心理测验主要有人格测验、兴趣测验和能力测验 3 种类型，具体内容如表 7-3 所示。

表 7-3　心理测验类型介绍

心理测试类型	测试内容	技术方法
人格测验	被测个体所拥有的可测量的人格特质、测试个体所有的行为反应方式和与他人的交往方式	明尼苏达多相人格测验（MMPI） 卡特尔 16 种因素测验（16PF） 加州心理测验（CPI）
兴趣测验	被测个体的职业兴趣，测试个体感兴趣的工作是什么，从工作中找到个体最希望得到什么样的满足	霍兰德职业兴趣测验 斯特朗职业兴趣量表 库德职业兴趣调查表
能力测验	被测个体表现在认知能力方面的心理特质，如观察力、理解能力、思维能力、推理能力等	韦氏智力量表 麦夸里机械能力测验 奥康纳手指灵活性和镊子灵活性测验

其中，在招聘活动中运用最多的是人格测验和兴趣测验。从某种程度上讲，应聘者能否在

工作中取得优异成绩，其性格和职业兴趣发挥着很重要的作用。因为如果一个人工作能力不足，可以通过后期培训提高，而性格不适合岗位或对工作没有兴趣，要改变起来则比较困难。所以在招聘活动中，有的招聘人员会首先考虑应聘者的性格及兴趣是否与应聘岗位相符合，尽量做到性格与职业相匹配。

性格作为人格的重要组成部分，是个体在一定外界条件下表现出来的习惯性行为及情感反应。关于性格类型的划分，心理学家有各自的划分标准和原则，表 7-4 所示的划分类型是比较有代表性的，应聘者可以此为参考，判断自己的性格类型。

表 7-4 各种性格类型划分及其特征

划分标准	类型	性格特征
心理机能	理智型	往往以理智来评价、支配和控制自己的行动
	情绪型	通常不善于思考，其言行举止易受情绪左右
	意志型	一般表现为行动目标明确，主动积极
心理活动倾向	外向型	思维外向，心直口快，活泼开朗，善于交际，感情外露，热情诚恳，适应坏境的能力较强
	内向型	思维内向，感情深沉，待人接物小心谨慎，喜欢独处和思考，不能灵活适应新环境
个体独立性	独立型	善于独立思考，不易受外来因素的干扰，能够独立地发现问题和解决问题
	顺从型	易受外来因素的干扰，常不加分析地接受他人意见，应变能力较差
	反抗型	特立独行，自我意识非常明显，且行为上有很大的自主性，一般来讲，自尊心和意志力较强
人际交往	敏感型	精神饱满、热情，好动不好静，办事速战速决，但是行为常有盲目性，受挫时易消沉
	感情型	感情丰富，喜怒哀乐溢于言表，喜欢刺激，容易感情用事，对新事物很有兴趣，容易冲动
	思考型	逻辑思维发达，善于思考，一切以事实为依据，能够持之以恒，重视调查研究和精确性
	想象型	想象力丰富，喜欢憧憬未来，不拘小节，但有时行为刻板，不合群

3. 心理测验的实施步骤

（1）确定测试目标。根据企业的要求和部门的需求，明确心理测验的主要目的，并根据心理测验的目的界定心理测验人员的类型、数量及分布。

（2）设计测验内容。根据测验对象和测验目的选择心理测验的方法和工具，编制或选择心理测验题目；并且进一步修改和完善心理测验试题，确保心理测验题目的信度和效度。

（3）实施心理测验。首先要组织人员进行心理测验。测验人实施心理测验时要做到公正、客观。

（4）鉴定测验结果。对心理测验的结果进行跟踪检验，并总结心理测验的经验，完善心理测验的指标。

7.2.2 心理测验准备

进行心理测验之前，要先做好准备工作。心理测验选择的内容、测验的实施和计分，以及测验结果的解释都是有严格顺序的。一般来说，招聘人员要受过严格的心理测验方面的训练。

招聘人员要事先做好充分准备，包括要统一地讲出测评指导语，准备好测验材料，能够熟练地掌握测验的具体实施手续，尽可能使每一次测验的条件相同等。这样测验结果才可能比较准确。

7.2.3　心理测验题目的编制

在企业招聘中，心理测验的应用不是编制几套题目那么简单的事，而是一个系统的过程。实施心理测验不仅要针对岗位编制或选择有效的心理测试题，还要对它进行不断的修正，这是个不断循环的长期的过程。

1. 试题编制与选择

首先，就是编制试题或者是选择试题，编制试题的关键在于如何利用资源。要针对某个岗位编制或选择心理测验题，首先要了解岗位需要什么样素质的人。我们可以从已有的心理测验题库里去寻找和选择与这些因素相关的测试题，也可以委托心理学家针对这些因素去编制试题，甚至也可以自己编制。

不管采取什么方式，应当注意的是，不要认为试题编制完了就万事大吉，还要确定试题的信度和效度。

2. 确定试题的效度

一般我们可以通过用编制好的试题对从事这项职位的人员进行测试，使用在职员工的产量记录或评价作为工作成功的判别标准，将在职员工的工作绩效与测验分数联系起来进行相关分析，计算试题的效度，进而对试题进行修正。在这个步骤中，还要做好宣传工作，告知员工测验的目的和意义，以获得在职员工的充分配合。

7.2.4　常用心理测验的方法

常用心理测验的方法有 5 种，如表 7-5 所示。

表 7-5　　　　　　　　　　　　常用心理测验的方法

常用心理测验的方法		主要含义	使用说明
纸笔测试		（1）被测验者根据试题的内容进行填写 （2）试题类型主要有单项选择题、多项选择题、是非题、匹配题、填空题、简答题和小论文 7 种	适用于大规模招聘员工时对员工的集中测评
自陈量表法		（1）通过建构一个标准，对测验者进行测评 （2）常见的是威克斯勒智力测验量表	适用于专业类岗位的测评
投射测验		（1）让被测验者通过一定的媒介，构建一定的场景 （2）测验者通过被测验者对场景的描述去分析被测验者的个性特征	适用所有岗位的测评
投射测验	联想技术	（1）测验者给被测验者某些刺激，观察被测验者对刺激产生的反应 （2）测验者根据被测验者对某刺激做出的反应，分析被测验者的特征 （3）常用的有墨渍投射测验、各种字词的联想测验	适用于对技术类岗位的测评
	构成技术	（1）根据被测验者对一个或一组图形或文字材料构建的故事，分析被测验者的个性特征 （2）常见的有主题视觉测验、麦克利兰的成就测验和宗教信仰测验	适用于对信息管理类岗位的测评

续表

常用心理测验的方法		主要含义	使用说明
投射测验	语句完成法	（1）根据被测验者对一些没有完成句子的补充内容，分析被测验者的个性特征 （2）例如，"我觉得薪酬的结构应该是……"	主要用来测评被测验者的真实想法
	排序技术	根据被测验者对一组目标、愿望、需要等按照某种标准进行排序，了解被测验者的个性特征	主要用来测评被测验者的价值观、成就动机和态度等
	表现技术	（1）模拟生活中的某种场景，让被测验者参与其中，观察其工作方式和与人相处的技巧，分析被测验者的个性特征 （2）主要是查看他们的需要、愿望、情绪或动机 （3）比较常用的方法有做游戏、角色扮演或者完成某件作品	适用于测评专业知识和专业技能，或用于对专业技能要求较高岗位的测评
	个案分析技术	设计与岗位相关的典型案例，让被测验者对案例里面的现象和问题做出某种判断和决策，以此来分析被测验者的个性特征	适用于管理类职位或对沟通、协调能力要求较高岗位的测评
仪器测量法		（1）通过科学的仪器对被测验者进行测量，以了解被测验者的心理活动 （2）常用的仪器有多导仪、眼动仪和动作稳定仪 3 种	主要用来测评员工的兴趣、动机和技能

【微课堂】

1. 简述进行心理测验有哪些方法可供选择？
2. 心理测验可以为人力资源的哪些工作模块提供参考依据？

7.3 职业兴趣测试

职业兴趣是指一个人的兴趣在职业选择活动方面的表现，不同的人在职业兴趣上有很大差异。职业兴趣是产生工作动力的一个源泉，不同的职业兴趣倾向差异会影响人们的工作绩效。

7.3.1 职业兴趣测试的功能

职业兴趣测试的目的是实现人适其职，职得其人，人尽其才，才尽其用。它在研究、咨询、辅导和组织对员工的职业生涯开发中都占据重要的地位，是不可或缺的工具。具体来说，它有以下几种功能，如表 7-6 所示。

表 7-6 职业兴趣测试的功能

名称	主要内容
预测功能	预测个体在教育训练、职业训练以及未来工作中的表现
诊断功能	评估个体的长处和短处、优势和劣势，并诊断个体在兴趣、价值观和职业生涯决策等方面的特质
区别功能	区别出个体的某些特质最类似于哪一类的职业群体
比较功能	依据测量学指标，将个体素质（能力倾向、兴趣、价值观等）与某些团体指标相比较，从而观察两者之间的匹配程度
探测功能	了解个体在职业生涯发展的连续过程中，其职业决策、职业适应性的行为、态度，以及能力方面的一般状况，以便提供必要的职业辅导
评估功能	对职业生涯咨询或辅导的进展情况和效果进行评估

7.3.2 职业兴趣测试的方法

职业兴趣测试的方法有很多，总体说来主要有以下 4 种。

1. 兴趣表达法

兴趣表达法直接要求被试者回答自己的职业兴趣是什么，但由于有些人的自我认知不清晰，有些人根本不清楚自己的兴趣是什么，因此这种直接表达兴趣的方法有时不是很准确。

2. 行为观察法

行为观察法是通过观察被试者参与活动的种类、数量、倾向和在各种情境中的行为来了解其职业兴趣。这种方法与事实记录法类似，一般情况下这种方法费时较长，不适宜用于大规模的人才测评。

3. 能力测验

能力测验是通过测试被试者掌握某种职业的词汇及相关知识的多少来推断其对某职业的兴趣大小，这种方法对于职业词汇及相关知识的掌握水平要求较高，从而可以有效地测试被试者的兴趣倾向，此方法比较适用于选拔性测评。

4. 兴趣问卷

兴趣问卷是通过纸笔测验的形式来测试被试者的职业兴趣倾向，这种方法节约成本和时间，适用于对群体施测，且其信度和效度比较容易保证，在选拔性测评和配置性测评中运用广泛。其中比较著名的兴趣问卷有霍兰德职业兴趣测验量表、斯特朗-坎贝尔兴趣问卷、库德职业兴趣调查表等。

7.3.3 职业兴趣测试的工具

常用的职业兴趣测试问卷有霍兰德职业兴趣测验量表、斯特朗-坎贝尔兴趣问卷和库德职业兴趣调查表。

1．霍兰德职业兴趣测验量表

霍兰德职业兴趣理论又被称为人格—职业匹配理论（Personality-Job Fit Theory），其对职业兴趣测量产生了深远的影响。

约翰·霍兰德（John Holland）是美国约翰·霍普金斯大学的心理学教授，美国著名的职业指导专家，他于 1959 年提出了具有广泛社会影响的职业兴趣理论，认为人的人格类型、兴趣和职业密切相关，兴趣是人们活动的巨大动力，凡是令人产生职业兴趣的职业，都可以提高人们的积极性，促使人们积极地、愉快地从事该职业，而且职业兴趣和人格之间存在很高的相关性。

霍兰德职业兴趣测验量表是根据霍兰德职业兴趣理论编制而成的，该量表由 4 个部分组成。

第一部分：你所感兴趣的活动。对分属于 6 类的 60 种活动，选择"是"或"否"的方式回答"你喜欢从事系列活动吗？"的问题。

第二部分：你所擅长或胜任的活动。对分属于 6 类的 60 种活动，选出你能做或大概能做的事，能做在"是"栏里打钩，否则在"否"栏里打钩。

第三部分：你所喜欢的职业。对分属于 6 类的 60 种职业，选出你有兴趣的职业。

第四部分：你的能力类型简评。评定自己在 6 个职业能力方面的大致水平。测试完成后，可以对照职业索引表，判断被试者的职业兴趣以及适合被试者的职业类型。在本系统中，这一查找索引表的工作由计算机自动完成。霍兰德职业兴趣测验量表在职业指导和人事选拔中应用十分广泛。

霍兰德职业兴趣测验是比较常见的职业兴趣测试。美国著名心理学家霍兰德根据数字和符号、人和社会、机械和工具操作 3 个方面的职业兴趣，提出著名的职业兴趣六边形学说，把职业兴趣分为现实型、常规型、企业型、社会型、研究型和艺术型 6 种兴趣倾向，具体如图 7-1 所示。

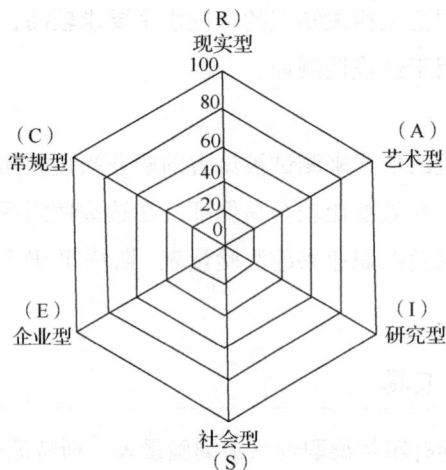

图 7-1　霍兰德职业兴趣倾向图

不同的职业兴趣倾向对应个体的不同性格特征，也适应不同的职业领域，如职业兴趣偏重于社会型的应聘者，比较适合咨询、公关等职位，详细如下。

R—现实型。具有现实型人格特点的人偏好与物体打交道，喜欢摆弄和操作工具、机械、电子设备等具体有形的实物；不喜欢与人打交道的活动，厌恶从事教育性、服务性和劝诱说服性的职业。现实型的人往往表现出看重具体的事物或真实的个人特点的价值观。

I—研究型。研究型的人偏好对各种现象进行观察、分析和推理，并进行系统的创造性的探究，以求能理解和把握这些现象；他们不喜欢组织和领导方面的活动，厌恶要求劝说和机械重复的活动。研究型的人多体现出看重科学研究的价值观。

A—艺术型。具有艺术型特点的人偏好模糊、自由和非系统化的活动，并在这些活动中创造艺术作品，完成自我表现；他们厌恶明确、秩序和系统化的活动。艺术型的人具有丰富的想象力，看重美的品质。

S—社会型。社会型的人偏好对他人进行传授、培训、教导、治疗和咨询等方面的社会服务性的活动，不喜欢与材料、工具、机械等实物打交道。社会型的人表现出看重社会和伦理道德问题的价值观。

E—企业型。企业型的人对领导角色和冒险性的活动感兴趣，喜欢从事领导他人实现企业目标或获取经济收益的活动；厌恶研究性的活动。企业型的人看重政治和经济方面的成就。

C—常规型。常规型的人偏好对数据资料进行明确、有序和系统化的整理工作，如按既定的规程保管记录，填写和整理书面和数字的资料，使用文字和数据处理设备等协助实现企业目标或获取经济收益；厌恶模糊、不正规、非程序化或探究性的活动。这种类型的人有责任心，做事有条理，但容易满足，缺乏创造性。

2. 斯特朗-坎贝尔职业兴趣问卷

斯特朗-坎贝尔职业兴趣问卷（SCII）是世界上最早的兴趣问卷，其前身是美国心理学家斯特朗于 1927 年编制的"斯特朗职业兴趣表"。1963 年后，坎贝尔对量表进行了多次修订，于 1974 年出版了名为"斯特朗-坎贝尔兴趣问卷"的量表。

坎贝尔的修订和改进，使得问卷测量的结果能够在 3 个层次上进行解释，这 3 个层次分别是霍兰德的一般职业主题（GOT）、互相异质的同质性表（BIS）和职业量表。

3. 库德职业兴趣调查表

库德于 1966 年在先前的"库德爱好记录表"的基础上编制了"库德职业兴趣调查表（KOIS）"，并于 1985 年进行了修订。

KOIS（1985）由 100 组 3 个项目构成的强迫选择项目组构成，并直接把个人成绩与标准职业组或大学专业组的测验成绩进行比较，如果被试者与哪个标准职业组或大学专业组的分数接近，就说明其对该测验或专业感兴趣，确定感兴趣职业或专业的标准是与最高相似系数相差 0.06 以内的职业或专业。

除了职业和大学专业量表外，还有职业兴趣评估和个人匹配（即把一个人单独地与某个职业中的不同个人榜样进行匹配）部分。

7.3.4　职业兴趣测试的应用

随着职业兴趣理论的发展，测评结果越来越多地应用到个人的职业发展中，企业也越来越多地在人力资源管理实践活动中使用各种职业兴趣测试方法和技术测验，以便选出更适合岗位、更适合企业的人员，并利用测评结果帮助员工在企业内实现各自的职业目标。

1.　职业兴趣测试与人员招聘与选拔

无论对企业还是对个人而言，在目前日益复杂的职业分工体系中，找到合适的人员或合适的岗位都不容易。因此，我们需要借助一定的方法和技术，特别是职业兴趣测试方法和技术，来全面地了解自己，对自己的职业兴趣有一个正确的认识。职业兴趣测试有助于我们选择到适合自己发展的职业，也有利于企业发现并找到适合本企业、胜任本岗位的人员。

我们都清楚地知道，在现代人力资源管理中有一条重要的原则，即将合适的人放在合适的岗位上，即人与岗位匹配。而人与岗位的匹配除了以往我们特别强调的员工知识、能力、技能与岗位要求的匹配以外，现在越来越多的企业意识到员工的性格、兴趣与岗位匹配的重要性。在胜任力模型中，后者的匹配更为重要，直接影响到企业的核心竞争力。

2.　职业兴趣测试与职业生涯管理

职业生涯管理是一个系统的、动态的管理体系。在这个系统的管理体系中，职业兴趣测试是一个关键环节。通过运用职业兴趣测试方法和技术，一方面使员工对自己的兴趣、爱好、能力、特长、不足等有一个全面而准确的认识，以便选择适合自己的职业；另一方面企业可以通过测评帮助员工明确其职业目标，并在企业总体战略的指导下为员工实现其职业目标制订具体的行动计划，以便员工在企业内部快速成长，为本企业的发展做出贡献。

【微课堂】

> 在人员素质测评中，我们一方面要运用科学的方法了解人的职业兴趣；另一方面我们也要承认，测评结果存在着误差。请问，怎样提高测评的信度？

7.4　职业能力倾向测评

职业能力是人们顺利完成某种职业活动所需要具备的能力。职业能力可以说明个人对其职业是否能够胜任，也能说明个人在该职业中取得成功的可能性。

职业能力倾向，是指个体身上潜在的、能够使其胜任某种职业的各种心理因素和生理因素的稳定组合。职业能力倾向可以预见个人在某种学业或某个职业领域中，是否能够顺利地掌握到所需要的知识与技能。

7.4.1 职业能力倾向测评的作用

进行职业能力倾向测评，主要有以下作用。

1. 判断作用

职业能力倾向测评可以判断个人具有什么样的能力。

2. 预测作用

职业能力倾向测评可以测定个人在所从事的职业中，成功的可能性和适应的可能性。

3. 对于个人的作用

对于个人认知、职业选择、职业指导和个人的职业规划有重大的指导意义。

4. 对于企业的作用

对于企业中人员的录用、选拔、调配、职业开发和职务设计等有指导意义。

7.4.2 职业能力倾向测评的工具

1. 一般职业能力倾向测评

很多企业在选拔、培训、晋升人员时，通常对被试者进行文字运用、语言理解、推理能力、机械工作能力、环境适应性、判断力、想象力等方面的考查，借以确定被试者的能力倾向。在测评职业能力倾向时，目前我国应用较广的是 BEC 职业能力测验。

BEC 职业能力测验分为 I 型（一般职业能力倾向测验）和 II 型（特殊职业能力倾向测验）。

BEC 职业能力测验（I 型）包括 8 个分测验，机械推理、空间关系、言语推理、数学能力、言语运用、字词知识、知觉速度和准确性、手指速度和灵活性。其区分的职业类别有 14 个，包括科学理论研究与组织、科学实验研究、工程设计、熟练技术工作、服务行业、野外工作、企事业管理工作、商业性经营工作、文秘工作、新闻传播、艺术创造、工艺美术、行政管理、公益性事务。

2. 特殊职业能力倾向测评

BEC 职业能力测验（II 型）主要用于职业定向，它包括言语推理、运算能力、抽象推理、文书速度与准确性、机械推理、空间关系、词汇测验和言语运用 8 个分测验。

3. 专门职业能力倾向测评

专门职业能力倾向测评用来考查被试者在某一具体职业的发展潜力，它常被用于选拔性测评。常用的专门职业能力测评有行政职业能力测评、飞行员素质测评、文书测评、保险人员测评等。

【微课堂】

1. 在哪些领域，职业能力倾向测评应用较多？
2. 如何评估职业能力倾向测评的效果？

复习与思考

1. 笔试试题编制原则是什么？
2. 管理岗位笔试试题开发过程中，应重点开发哪些方面的内容？
3. 浅谈员工心理测验在人力资源工作中的作用。
4. 简述职业兴趣测试的方法。

知识链接

大数据助力人才测评

随着互联网技术的发展，我们将能够多维度地对人才进行了解和分析，并运用大数据技术从大型的人力资源数据库中找到隐藏在其中的信息，帮助决策人员找到数据间潜在的联系，进而改进以前测评指标和算法中的一些不成熟的地方，从而有效地进行人才测评。

技能实训

实训内容	编制某岗位笔试试题

　　无论是面试还是笔试，招聘人员都应以考核应聘者能否胜任拟招聘岗位为基础进行试题设计。试题设计主要用于测试应聘者的基本知识、专业知识、管理知识以及求职动机、岗位胜任力、个性特征等方面的差异。请为企业某一类人员的招聘设计一份笔试试题。

考核点	问题示例
求职动机	
专业知识	
……	

第8章 | 面试与评价中心技术

【本章知识导图】

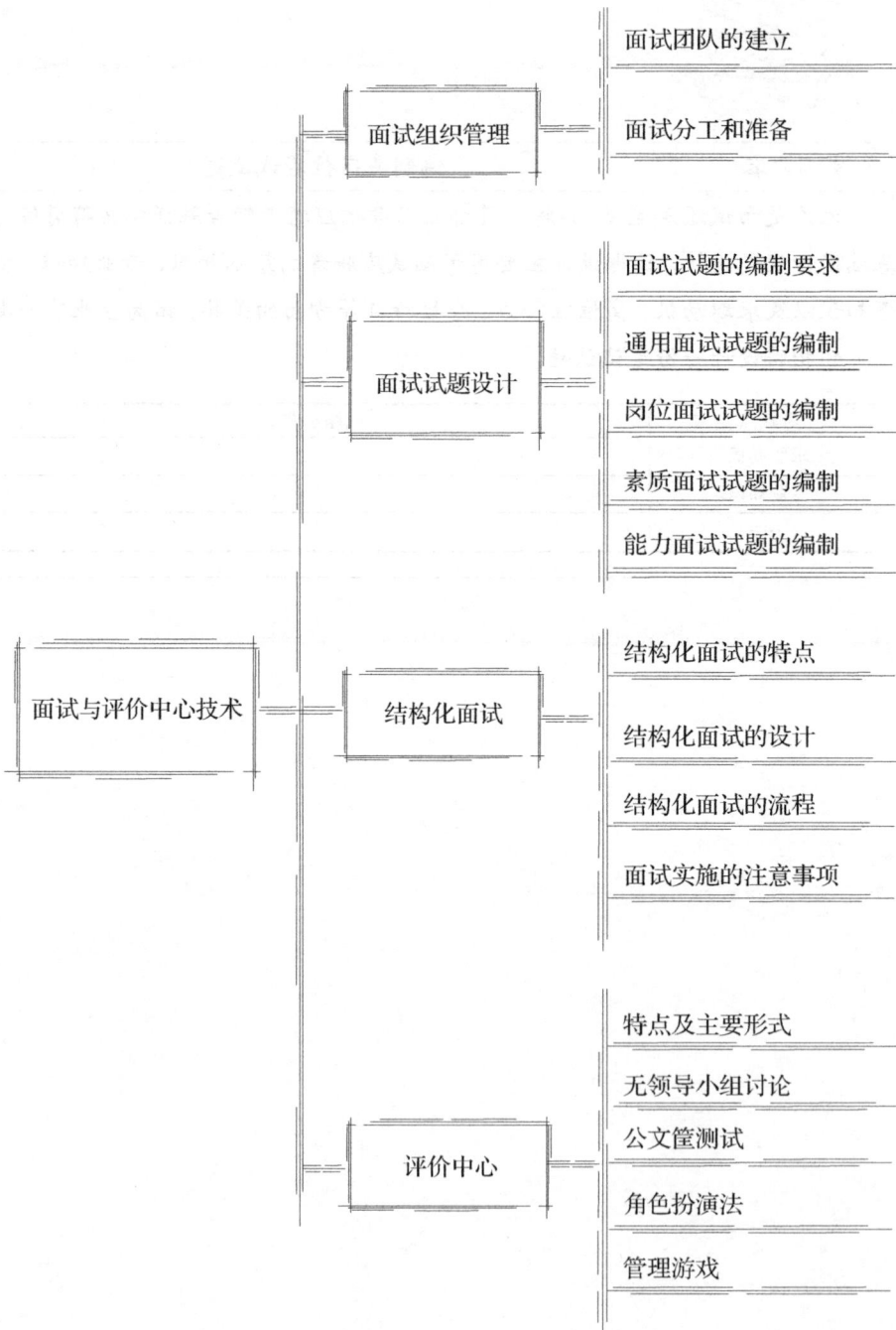

面试与评价中心技术
- 面试组织管理
  - 面试团队的建立
  - 面试分工和准备
- 面试试题设计
  - 面试试题的编制要求
  - 通用面试试题的编制
  - 岗位面试试题的编制
  - 素质面试试题的编制
  - 能力面试试题的编制
- 结构化面试
  - 结构化面试的特点
  - 结构化面试的设计
  - 结构化面试的流程
  - 面试实施的注意事项
- 评价中心
  - 特点及主要形式
  - 无领导小组讨论
  - 公文筐测试
  - 角色扮演法
  - 管理游戏

【学习目标】

职业知识	• 熟悉面试流程，了解各种面试的方法和技巧，提高面试甄别的效度
职业能力	• 根据招聘要求，编制面试试题 • 针对不同岗位采用不同面试方法的技巧，并能在工作中运用 • 掌握岗位人才标准的衡量方法，能够灵活运用多种面试测评技巧
职业素质	具备良好的沟通交流能力、分析判断能力以及较强的逻辑思维能力

面试是企业与应聘者双方进行面对面的沟通，企业根据应聘者在面试过程中的表现而对其做出评定，从而为人员录用决策提供依据的一种重要手段。

8.1

面试组织管理

8.1.1　面试团队的建立

从面试团队成员组成来看，面试人员一般包括人力资源部招聘人员、用人部门负责人或指定人员、相关专家等。面试团队根据拟招聘岗位的实际需要，由人力资源部负责组建。

面试团队的成员必须具备以下条件。

（1）必须具备良好的个人品格和修养，为人正直、公正、客观。

（2）应具备相关的专业知识和自己的面试风格，面试人员之间的知识结构和面试风格应相互补充。

（3）了解企业状况及职位要求，这样才能帮助企业选出真正需要的人才。

（4）面对各类应聘者，能熟练运用各种面试技巧，控制面试的进程。

（5）能公正、客观地评价应聘者，不受应聘者外表、性格或背景等各项主观感受的影响，因此要求面试官有良好的自我认知能力。

（6）要求面试官掌握相关的人员测评技术，能够对录用与否做出果断的决定。

（7）具有较强的人际沟通能力和观察判断能力。

（8）具备相关专业知识。

8.1.2　面试分工和准备

一般情况下，面试分两个阶段进行，初次面试由人力资源部招聘人员进行，复试由用人部门负责人和招聘人员同时进行。一些高级岗位，还需要人力资源经理、用人部门主管领导进行面试。不同的企业安排不一，要根据企业实际来确定。

在面试进行之前，人力资源部门招聘人员及面试官要做好充分的准备工作。准备工作主要包括以下几个方面。

1. 明确面试的目的

面试官应明确面试的目的是什么，最终要达到什么效果等。弄清楚了这些问题，面试官才能对应聘者做出客观、公正的评定。

2. 制订面试实施方案

面试方案应包括面试的时间和地点安排、确定面试的方法和面试问题的设计等内容。

3. 资料的准备

应聘者资料，包括个人简历、求职申请表等。

企业资料，包括企业简介、面试官名片等。

评价表，包括面试评分表、加权评定表。

4. 面试时间、地点的安排

合理安排面试的时间，可以让面试的双方都有充分的准备时间。

对应聘者来说，在参加面试时，总会因为一些压力而感到紧张，而干扰性的环境则更会加深其紧张感，这样极有可能影响应聘者的正常发挥。另外，面试官在外界环境的干扰下，也有可能遗漏许多关键性的信息。面试环境的好坏会给应聘者留下较深的印象，这也关系到社会对企业形象的评价。因此，在面试地点的准备上，应注意以下两个方面的问题。

（1）环境应宽敞、明亮、安静，室内温度适宜。

（2）座位的摆放。根据面试官人员的多少，面试官与应聘者的座位安排应遵循以下规律。

① 多对一的面试，即多个面试官（面试官一般不要超过5人，3人较佳）面对一个应聘者。此时，最好采用圆桌式的座位安排，应聘者与面试官面对面而坐。

② 一对一的面试，有几种座位安排方法。

图8-1对上述各方式列举了一个实例。

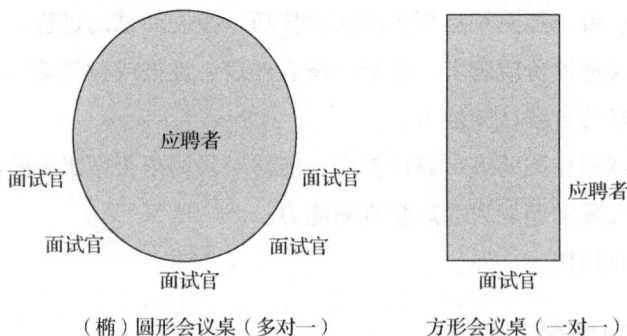

图8-1 结构化面试应聘者与面试官的位置安排示意图

③ 多对多的面试，即集体面试。采用此种方式时，应聘者通常会被随机地分为几个小组，就某一问题展开讨论，面试官要在一旁观察应聘者展现出的逻辑思维能力、领导能力、语言表达能力等，从而对应聘者进行甄选。

5. 面试官的准备工作

（1）回顾岗位说明书。面试官应明确了解拟招聘职位的任职资格条件，而任职资格条件的确定主要依据岗位说明书。

（2）阅读应聘者的个人简历及相关资料。面试官应在面试正式开始前的 3～5 分钟快速浏览应聘者的相关资料，这样有助于对应聘者有个初步的了解，还可以在应聘者的资料中及时发现问题，方便面试时双方进行沟通。

【微课堂】

> 1. 面试团队成员应具备哪些素质？
> 2. 招聘方在面试前需做好哪些准备工作？

8.2 | 面试试题设计

8.2.1 面试试题的编制要求

面试试题的编制主要依据招聘岗位的工作说明书和应聘者的个人简历，不同岗位对工作能力的要求是不同的，因此，面试试题的内容也有所不同。

1. 在设计面试题目时所要遵循的原则

（1）针对性原则。该原则是指面试试题是根据面试的具体情况，围绕岗位要求、应聘者的状况和面试本身的特点来设计的。有些出题者经常以难倒应聘者为出题目的，这是一种非常错误的想法。面试不是为了难倒应聘者，而是给应聘者一个展示自己的机会，充分体现自己的综合素质，只有这样，面试官才能根据应聘者的表现做出准确的判断。

（2）可行性原则。面试是短时间抽样测评，不可能面面俱到。因此在出题时要考虑面试现场测试的实际情况，避免出现一些难以进行测试的项目。

（3）代表性原则。面试内容不能过于简单，也不能太过深奥，应在某一方面或某一环节上具有一定的代表性，足以在短时间内有效地测试应聘者的某一特定素质。

（4）区别性原则。在设计题目时，要考虑招聘职位的具体情况。例如，如果招聘的是应届生，考查点则不应侧重于某些特殊素质，如工作经验。

2. 对面试题目的设计要求

（1）题目内容要明确、具体。

（2）问题既要保证与考查点相契合，又不能让应聘者觉察出考查的目的。

（3）题目要新颖，易于挖掘应聘者的潜在素质。

（4）注意遵守相关政策法规，避免出现侵犯应聘者人权、隐私的问题。

8.2.2 通用面试试题的编制

通用面试题目是指任何岗位的面试均可使用的面试试题。但是在实际面试执行过程中，根据岗位的级别、性质不同，面试问题的侧重点是有区别的。

表8-1是3个通用面试考核因素及主要内容。

表8-1　　　　　　　　　　　　通用面试考核因素及主要内容

考核因素	主要内容
专业知识水平	1. 如果测试对象是应届毕业生 （1）所掌握的专业技能 （2）上学期间所接受的培训有哪些 （3）举一个理论与实际相结合的运用事例 （4）专业领域所涉及的问题 2. 已有一定工作经验的人员 （1）业余进修的课程 （2）对专业领域的案例进行分析
工作经验	1. 在过去所从事的工作中主要的工作职责是什么 2. 在过去的工作中主要有哪些成就 3. 工作中遇到××困难时，如何处理 4. 您觉得胜任这份工作需要具备哪些基本素质 5. 如果您今天成功地应聘上了这个职位，企业对您进行培训，您觉得需要得到哪些方面的培训 6. 工作中遇到最大的挑战是什么
求职动机与愿望	1. 为什么希望来我们企业工作 2. 工作中最看重什么，如晋升发展的机会、待遇、工作环境、企业名气还是其他 3. 最希望从事的工作 4. 自己的短期规划与长期规划 5. 工作中最不能容忍的事情是什么

8.2.3 岗位面试试题的编制

面试试题的编制依据是招聘岗位的工作说明书和应聘者的个人简历，不同岗位对工作能力的要求是不同的，因此面试试题的内容也有所不同。

1. 销售人员面试题

销售人员应具备较强的销售能力、谈判能力、说服能力和应变能力等多种素质，以下介绍在面试销售人员时的试题编制及考核的方面。

（1）销售能力。

① 自我介绍。

② 对自己最为熟悉的商品做一下产品介绍。

③ 对考场周围的任意一件物品做即兴推销。

（2）谈判、说服能力。

① 请举一个您成功地说服别人按照您的想法去做事情的事例。

② 请讲述曾遇到的最困难的一次销售经历，期间您是如何与客户进行沟通的。

③ 现场模拟，与某企业的采购经理进行业务谈判。

（3）工作经验。

① 描述某一具体业务的销售流程。

② 如果让您给新员工以销售为主题进行培训，您的主要内容如何安排？

③ 在工作过程中，您是如何开发新客户和维护您的老客户的？

（4）求职动机。您为什么来应聘这个职位？

① 道德品质。如果您的一位客户无意中落下了一个文件夹，其中有很多对您来说很重要的商业信息，您打算怎么做？

② 团队合作。您的一位同事，工作能力和业绩都不如您，可最近得到了提高，您如何对待此事？

③ 工作主动性。请举一个本属于您的上级领导分内的工作而他却没有做，您主动完成的事例。

④ 情绪控制能力。当您对客户进行推销时，遭到多次拒绝，您如何调整自己的心态？

⑤ 应变能力。您做出了一个较大的决定，但结果却事与愿违，您如何处理？

2. 技术人员面试题

考查技术人员，主要是考查其专业知识水平和工作技能，以下介绍在面试技术人员时的试题编制及考核内容。

（1）技术水平。介绍一个在以前的生产过程中发现问题并采取了成功的预防措施的事例。

（2）学习能力。面对一项新技能，您是如何快速掌握的？

（3）人际沟通能力。当您提出一个新的建议或想法时，却遭到了其他人的反对，而您确信您的想法是正确的，您将会怎么做？

（4）进取心。在工作中，您觉得自己还有哪些需要改进的地方？

（5）责任心。当您发现有员工违反企业规章制度时，您会怎么做？

（6）环境适应能力。如果您所在的工作环境并非是您喜欢的，您会怎么做？

（7）工作经验。

① 工作中最成功的一件事情是什么？

② 工作中最失败的一件事情是什么？

3．客户服务类人员面试题

客户服务类工作需要具备良好的工作态度和心理素质，以下介绍在面试客户服务类人员时的试题编制及考核的方面。

（1）服务理念。您如何理解"顾客就是上帝"这句话？

（2）沟通能力。

① 请举这样一个事例，一个起初非常不满意您服务的企业后来成为您忠实的客户。您是如何做到的？

② 如何成功地处理一个较大客户的投诉？请举例说明。

（3）工作原则性。当客户提出明显不合理的要求时，您通常是怎么处理的？

（4）工作经验

① 您觉得作为服务型行业，服务的重点在哪些方面？

② 如何理解和运用"二八"原则？

③ 按照您的理解，您是如何对客户进行划分的？

4．中层管理人员面试题

对中层管理人员的考查一般从管理能力、决策分析能力、团队领导能力、情绪控制能力等方面展开，其面试试题编制及考核的方面如下。

（1）管理意识。

① 谈谈对管理的理解。

② 企业文化的作用是什么？

③ 企业的良好发展需具备哪些条件？

（2）管理技巧。

① 如何处理部门之间的矛盾？

② 如何调动员工的工作积极性？

（3）管理风格。

① 如何对下属授权？

② 请描述一下您是如何对员工进行管理的，能举个例子说明吗？

（4）决策能力。现有一个项目，急需请总经理批示，而总经理一时联系不上，您会怎么处理？

（5）监控能力。如何监控和支持下属的工作？

（6）团队管理能力。如何领导一个高效的团队？

（7）学习和知识更新的速度。管理书籍的阅读。

（8）情绪控制能力。如果我们企业决定淘汰您，您认为您面试表现中所反映出来的不足之处在哪儿，以至于我们做出这样的决定？

8.2.4　素质面试试题的编制

对应聘者素质的考查有多个方面，表 8-2 所示为一些素质面试试题。

表 8-2　　　　　　　　　　　　　　素质面试试题

素质	主要内容
工作主动性	（1）工作中，除了做好自己的本职工作外，是否还会做一些分外的事情。如果是这样，那为何要这样做 （2）工作过程中，除了工作技能的提升，您还学到了哪些额外的知识/技能 （3）请描述一个自己独辟蹊径为企业成功地解决某一难题的事例 （4）业余时间有无参与提高工作技能方面进修的课程 （5）在接触一个新领域时，您会通过什么样的渠道尽快获得新知识
情绪控制能力	（1）如果领导当众在您的下属面前批评您，您会是什么反应 （2）接到企业一个大客户的投诉，且您已经就他不满的问题跟他解释过很多遍了，可他还是不满意，您将如何处理 （3）您的一位下属不服从您工作的派遣，您会如何处理 （4）在面试环节中，您所展示出来的某些性格与我们招聘的职位有一定的差距，换句话说，即我们录用您的可能性不大，您有什么想法
灵活应变能力	（1）如果我们公司的竞争对手也决定录用您，您将做何种选择 （2）当您接到一个重要客户的电话，说要与总经理商谈要事，而此时您联系不到他，您将如何给客户答复 （3）请描述一个较为典型的事例：在工作或者学习过程中遇到的两难选择，最后您又是如何解决的
责任感	（1）当您得到一条重要事关企业利益的信息，而这件事情一旦告诉总经理，则您的好友将会受到牵连，您会怎么做 （2）如果您生病了且比较严重，此时企业业务很忙，您又是企业的骨干之一，您会怎么做
个人兴趣、爱好	（1）业余时间是如何安排的 （2）有什么爱好

8.2.5　能力面试试题的编制

表 8-3 列举了在面试过程中常会考查到的一些能力及相应的考查题目。

表 8-3　　　　　　　　　　　　　　能力面试试题

能力	主要内容
计划组织能力	（1）为这次面试做了哪些准备 （2）请描述您以往的工作中最忙碌的一天是怎样度过的 （3）如果您成功地应聘上了部门经理这个职位，现需要制订一个部门季度计划，请问您将如何制订 （4）您最近五年的职业规划是什么？您计划如何去实现它 （5）如果您是一个团队的领导人，现正忙于完成一项新任务，可您发现，无论是所需的资源还是人力，都与其他部门有冲突，请问您如何处理

续表

能力	主要内容
领导能力	（1）您如何给领导这一角色定位 （2）您认为管理人员需具备哪些基本素质 （3）请描述一个成功地说服别人支持并参与您的工作，最终达到您所期望的结果的事例 （4）作为企业的高层领导，您是如何让下属尊敬并信任您的 （5）当下属不服从管理时，您会怎么解决
分析决策能力	（1）以往的工作、学习生活中，做出的最重大、最有意义的决定是什么？为何做出那样的决定 （2）在做出较大的决定时，一般会考虑哪些因素？请举个例子加以说明 （3）如果您需要一名助手，那您希望他具备什么样的能力 （4）企业决定投资一个重大的项目，而据您所掌握的信息和资源分析，只有 60%的成功概率，您会做出什么决定 （5）对于一个好的领导者，您的判断标准是什么
人际沟通能力	（1）您觉得良好的沟通须具备哪些条件 （2）您的同事、同学是怎样评价您的 （3）在学习和工作过程中，遇到的最难相处的人是怎样的？您又是如何和他（她）相处的 （4）假如现在您所负责的部门，有两个优秀的员工之间存在强烈的摩擦，由于二人之间关系不协调，已经严重影响到部门的业绩，请问您将如何改变这一现状 （5）工作中您是如何处理与领导的关系的
团队合作能力	（1）您希望合作伙伴应具有哪些特点 （2）您不喜欢哪一类型的合作伙伴 （3）您认为一个高效的团队需具备哪些条件 （4）请列举一个您曾经领导一个团队完成某项任务/活动的事例，包括当时的客观条件如何？工作又是如何进行的？最后完成的结果如何？ （5）请描述一个在团队活动中，您曾提出的正确的建议/意见没有被采纳的事例，其间您有没有争取过

【微课堂】

　　　　应届毕业生是指在应该毕业的年份毕业的毕业生。因此，在面试应届生时，面试题目的设计及应与其他类型人员的面试题目有区别。那么，应届生的面试题设计过程中，应注意哪些问题呢？

8.3 | 结构化面试

结构化面试又称标准化面试，它是指面试前就其所涉及的内容、试题评分标准、评分方法、分数使用等一系列问题进行系统的结构化的面试方式。

8.3.1 结构化面试的特点

结构化面试同一般面试一样，是通过面试官与应聘者的谈话以双向交流的方式进行的，但它有自己独特的特点——结构化。与非结构化面试相比，结构化面试显得更加标准化、规范化，提高了面试的信度与效度，因而目前被企业在面试时广泛采用。

1. 测评要素结构化

在每一道面试题目后，会列出该题测评要素（或考查要点），并给出答题要点（或参考答案），供面试官作为对应聘者表现评估打分的参考。

2. 面试程序结构化

结构化面试有严格的程序安排，如面试的导入语、提问方式、面试时间及场地的选择等。同时对每一道题目的测试也有时间的规定。

3. 评分标准结构化

结构化面试要求对每个测评要素都要有严格的操作定义和考查要点，并且还规定每个评分等级对应的行为表现。

4. 考评小组结构化

结构化面试中，面试官要求是 2 人以上，依据招聘职位的需要，将专业、职务等按一定比例进行科学配置，设主考官一名，负责向应聘者提问并掌控整个面试局面。

8.3.2 结构化面试的设计

结构化面试的设计主要包括 4 个步骤，如图 8-2 所示。

岗位分析 → 确定测评要素 → 面试试题确定 → 确定考评标准与考评者

图 8-2　结构化面试的设计流程

将合适的人员放在合适的位置上，是招聘的理想状态。要想达到最理想状态，企业应进行岗位分析，明确岗位职责，进而确定任职资格，包括性别、年龄、学历、工作经验等，从而确定面试问题的设计依据和考评要素。下面重点对“面试试题确定”这一环节做了简要的说明。

针对不同的面试对象，考评的要素是不同的。下面分别说明面试不同的人的考评要点。

1. 面试应届大学毕业生

刚走出校园即将踏上工作岗位的他们，几乎没有什么工作经验，所以不能从工作阅历这方面进行考查，可选择从学习能力、团队合作、发展潜力等方面进行考评。

问题 1：请做一个简单的自我介绍。

【测评要点】主要考查应聘者的学习工作经历、语言表达能力和自我认知能力。

问题 2：在学习和生活过程中，遇到的最有挑战性的事情是什么？您又是如何解决的？如果让您再做出一次选择，您会怎么做？

【测评要点】主要考查应聘者的思考问题和解决问题的能力。

问题 3：平常的业余爱好、课外活动都有什么？从中学到了什么？

【测评要点】主要考查应聘者的个性特征。

2. 一般管理人员

问题 1：请描述过去的生活和工作中您遇到的最难相处的人，您又是怎么和他（她）相处的？

【测评要点】主要考查应聘者的沟通能力、团队合作能力。

问题 2：您认为自己的优势有哪些？适合什么样的工作？

【测评要点】主要考查应聘者的自我认知能力。

问题 3：请描述一下您处理过的"轻重缓急"的事例。

【测评要点】主要考查应聘者的计划组织能力和时间管理能力。

问题 4：假如您是一名办公室工作人员，某次，接到通知说总经理要召开工作会议，由您全权负责会议通知、接待工作和其他相关工作，请问您打算具体做哪些工作？

【测评要点】测评应聘者组织、协调能力和思考问题的周密性。

3. 中高层管理人员

问题 1：假如您现在是一部门的负责人，准备实施某个项目，可您的直接上司却持反对意见，您打算怎么做？

问题 2：描述您曾经遇到过的一次"危机事件"，并说明是怎样处理的？

问题 3：如果现有两名候选人，从中挑选一个做您的助手，您将以什么样的评判标准来挑选？

【测评要点】主要考查应聘者的决策执行能力、突发事件处理能力。

编制试题时应做到以下 3 点。

（1）问题简单明了并围绕测评要素。

（2）题目总体数量控制在 50 个以内。

（3）单个考评项目所设置的问题不宜太多（最好在 7 个以内）。

8.3.3 结构化面试的流程

结构化面试的程序主要由面试的准备、面试的实施、面试的总结与评估 3 大步骤构成，如图 8-3 所示。

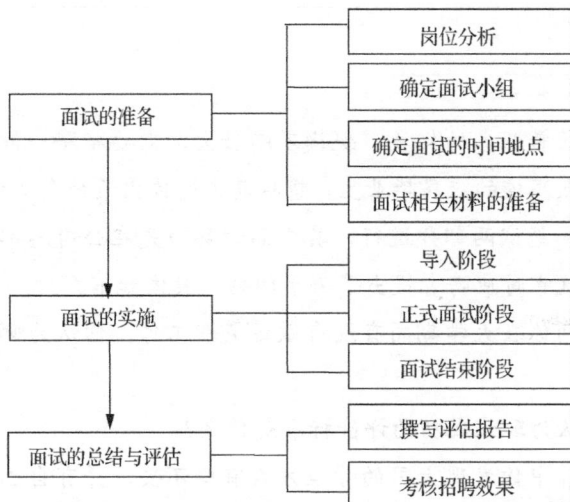

图 8-3　结构化面试的实施程序

在结构化面试的实施过程中，与其他面试有很大不同的是结构化面试的提问方式、考核的问题、实施的步骤都是按照事先的设计进行的。

面试一般从寒暄、问候开始，即导入阶段，主要是缓解紧张的气氛，让应聘者消除紧张的心理，以更好地发挥自己的水平。

面试的正式阶段，也是面试中最为重要的、最实质的阶段，主要考查应聘者的能力，面试官应从应聘者的表现中收集信息，最后得出对应聘者的整体评价。

8.3.4　面试实施的注意事项

采用结构化面试这一方式对应聘者进行甄选时，需注意以下几点。

1. 面试试题的编制要与工作特征紧密相连

在编制面试试题前，试题编制人员应参考岗位说明书，从中分析总结其测评指标，以达到测试的目的。

2. 明确评分的标准

对应聘者的回答，面试官应如何对其进行评定呢？为了解决这一问题，在编制好试题后，相关负责人应对应聘者对每个问题的可能性回答有个大致的把握，从而制定评分标准。

3. 掌握面试的技巧

由于结构化面试程序性比较强，因此，在实施面试的过程中，面试官应合理地利用各种面试技巧来获得有用的信息。

4. 评判标准公正客观、前后一致

面试官要根据应聘者的表现给予客观的评判，不能因为个人的喜好或其他因素而影响面试的效果。

【微课堂】

> 某企业随着业务的拓展，规模不断壮大，需要招聘一批新员工。招聘对象为重点高校的应届毕业生，想从其中选拔出适合企业岗位的人员。招聘分面试和笔试两部分进行，其中面试环节先在公司总部进行，在面试过程中面试官对应聘者提出了若干问题，具体如下。
>
> （1）请问你在大学期间有没有做过兼职工作，你认为哪种兼职工作最有意思？
>
> （2）你认为职业成功的评价标准是什么？
>
> （3）工作中你发现上司的管理方式有些不妥，并有自己的想法，你此时如何去做？
>
> （4）请详细说明你曾经做出的你认为最出色的一项决策。
>
> 问题：
>
> 面试中提出的这 4 个问题分别属于哪种类型的问题？采用这样的提问方式有哪些优点？

8.4 | 评价中心

8.4.1 特点及主要形式

评价中心（Assessment Center）是一种人员素质测评的新方法，它融合了多种测评技术，由多位评估人员从心理测验、能力、个性和情境测试方面对人员进行测评，并根据工作岗位要求及企业组织特征对人员进行全面的考查。

这种方法最初是在第二次世界大战期间德国的一些军事心理学家们在挑选军官时所使用的方法。

1. 评价中心的特点

（1）能全面地考查应聘者。评价中心运用多种测评技术，由多位评价人员进行评价，能从多个角度对应聘者进行多层次的考查，因而考核结果较公正。

（2）预测效度高。评价中心所采用的测评手段多是对真实工作情景的模拟，因此可以很好地预测应聘者在实际工作中的表现。

（3）成本较高。评价中心中任务情景的设置和题目的编制难度较大；同时由于采用多种测评方法，因此测试时间比较长，这些都造成了其技术成本比较高。

（4）对面试官的要求较高。情景模拟测试中需要综合考查应聘者的各种能力，而制定标准化的考评标准难度较大，面试官的主观性程度较高，所以对面试官的能力要求很高。

2. 评价中心技术常用方法

（1）无领导小组讨论。将应聘者随机分成一个或几个小组，每组 5～7 人，所有应聘者的地位是平等的，要求在给定的时间内就某一个问题展开讨论，最后形成统一的意见并提出解决方案。

此种方式主要考查应聘者的沟通、领导、组织协调等各项能力。

（2）公文筐测试。公文筐测试也称公文处理练习、文件筐测验，是评价中心最常用和最核心的技术之一。通过应聘者对应聘职位实际工作过程的一种模拟（如在公文处理、会议安排、分配任务等一系列工作上的表现）来对应聘者进行评价。

此种方法主要考查应聘者的组织、计划、分析、判断、决策等能力。

（3）情景模拟。情景模拟是将应聘者置于一个模拟的环境中对其进行考查（如假设应聘者现在是某一角色，现面临很多现实的管理问题需要他解决）。

通过观察和分析应聘者在各种模拟情景及一定的压力下的心理、行为、表现以及工作绩效，测评其管理能力和潜能。

（4）管理游戏。以游戏或共同完成某种任务的方式，为小组成员分配一定的任务，他们必须合作才能较好地完成任务。面试官通过应聘者在完成任务的过程中的表现来测评应聘的素质。

管理游戏是一种以完成某项"实际工作任务"为基础的标准化模拟活动，主要考查小组内每个应聘者的管理技巧、合作能力、团队精神等方面的素质。

（5）角色扮演。面试官通过设置一定的环境，要求应聘者扮演某一角色，模拟实际工作情景去处理各种问题和矛盾。

面试官一般是直线经理人员，因为他们对工作较熟悉，容易被应聘者接受，而且面试官也可以借此提高自己的知识和能力水平。

8.4.2 无领导小组讨论

1. 评估标准

无领导小组讨论主要从以下 7 个方面对应聘者进行评估。

（1）应聘者参与发言的有效次数。

（2）是否善于提出新的见解和方案。

（3）是否敢于发表不同的意见。

（4）是否善于说服别人、协调争议。

（5）语言表达能力。

（6）分析、归纳、总结问题的能力。

（7）语气、肢体语言是否得体等。

2. 无领导小组讨论的类型

下面主要介绍4种无领导小组讨论的类型。

（1）根据讨论背景的情景性划分。根据讨论背景的情景性划分，可分为特定情景的无领导小组讨论和泛情景的无领导小组讨论。

① 特定情景的无领导小组讨论是将应聘者放在某个特定的环境中（如假设应聘者都是企业正在招聘的区域经理，让他们制订一份年度计划书）。

② 泛情景的无领导小组讨论是指没有指定某个环境，只就某个开放性的问题展开讨论。例如，一个优秀的区域经理应该具备什么样的素质？

（2）根据是否给应聘者指定角色划分。根据是否给应聘者指定角色划分，可分为指定角色的无领导小组讨论和没指定角色的无领导小组讨论。

指定角色的无领导小组讨论是指面试官给每位应聘者都指定一个角色，让他们以各自被指定的身份参与小组的讨论。

（3）根据应聘者在讨论过程中的关系划分。根据应聘者在讨论过程中的关系划分，可分为竞争性的无领导小组讨论、合作性的无领导小组讨论以及竞争与合作相结合的无领导小组讨论。

（4）根据讨论的情景与应聘职位工作的相关性划分。根据讨论的情景与应聘职位工作的相关性划分，可分为与工作相关的无领导小组讨论和与工作无关的无领导小组讨论。

与工作相关的无领导小组讨论。例如，招聘区域销售经理，面试官要求讨论的题目是策划某地区的销售方案。

3. 无领导小组讨论的特点

（1）无领导小组讨论的优点。

① 能多角度地对应聘者进行评价，因此，评估结果也相对更加科学、准确。

无领导小组讨论为应聘者提供了一个展示自我的舞台，并明确了讨论的主题，面试官可以从沟通能力、领导组织能力、团队合作能力等多方面来考查应聘者。通过此方法面试官容易获得笔试、面试都无法捕捉到的信息，因而，其对应聘者的评估相对地科学、准确。

② 面试官可以在同时观察多个应聘者，节约时间。

面试官可以同时对一批人进行观察，相比一对一的面试，提高了效率。

③ 应用范围广泛，对管理领域、非管理领域等中高层人员的选拔都适用。

（2）无领导小组讨论的缺点。

① 评估过程中，面试官的主观程度较强。

② 对面试官的要求较高，面试官一般要经过相关的培训。

③ 操作成本高。

4. 无领导小组的实施

（1）实施前的准备。

① 进行岗位分析，确定适当的讨论题目和考评维度。岗位分析是进行其他相关程序的基础，招聘人员在编制题目和制订维度时，一定要与招聘岗位的特征紧密结合。因为不同的岗位对任职者的个性、能力、所受教育等的要求是不同的。在条件允许的情况下，试题编好后，应先进行小范围的试测和评估，发现问题后及时修改，再正式投入使用。

无领导小组讨论法题目的设计分为选择题目类型，编写题目初稿，调查题目可用性，咨询专家，进行测试，反馈、修改、完善 6 个阶段。

其中，选择题目类型阶段是编写题目初稿阶段的前提，调查题目可用性阶段有利于保障无领导小组讨论法运用的公平性，而咨询专家阶段是测试阶段实施的关键，而且测试的好坏将直接影响反馈、修改、完善阶段的效果。无领导小组讨论法题目设计的程序具体如图 8-4 所示。

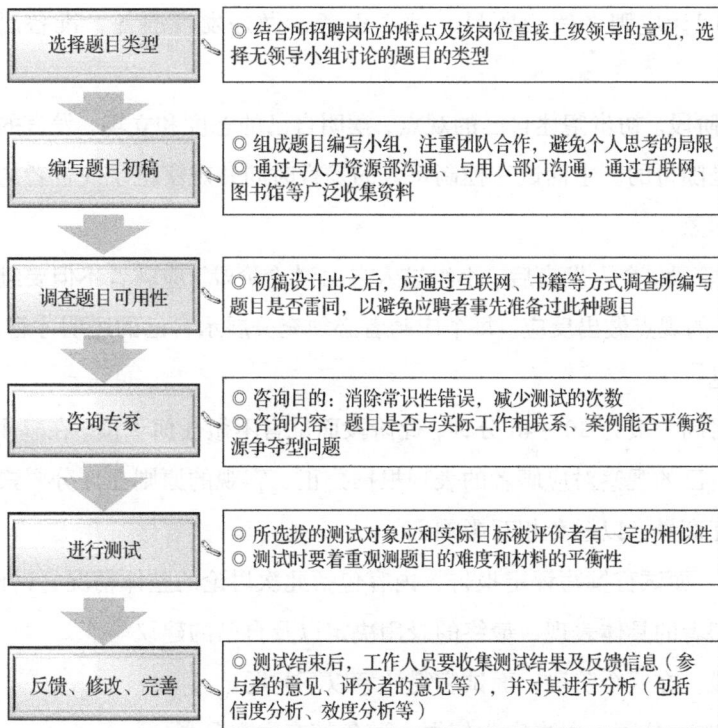

选择题目类型	◎ 结合所招聘岗位的特点及该岗位直接上级领导的意见，选择无领导小组讨论的题目的类型
编写题目初稿	◎ 组成题目编写小组，注重团队合作，避免个人思考的局限 ◎ 通过与人力资源部沟通、与用人部门沟通，通过互联网、图书馆等广泛收集资料
调查题目可用性	◎ 初稿设计出之后，应通过互联网、书籍等方式调查所编写题目是否雷同，以避免应聘者事先准备过此种题目
咨询专家	◎ 咨询目的：消除常识性错误，减少测试的次数 ◎ 咨询内容：题目是否与实际工作相联系、案例能否平衡资源争夺型问题
进行测试	◎ 所选拔的测试对象应和实际目标被评价者有一定的相似性 ◎ 测试时要着重观测题目的难度和材料的平衡性
反馈、修改、完善	◎ 测试结束后，工作人员要收集测试结果及反馈信息（参与者的意见、评分者的意见等），并对其进行分析（包括信度分析、效度分析等）

图 8-4 无领导小组讨论法题目设计的程序

② 选择适当的测试环境。除了选择一间宽敞明亮的屋子，能够容纳下所有应聘者和面试官外，对面试官与应聘者之间的距离、应聘者相互间的距离等的选择都是要考虑的因素。为了使所有的应聘者处于平等的地位，最好选取圆桌，而不用方形的桌子。

③ 组织安排应聘者。一般地，无领导小组讨论以每组 5～7 人为宜。人数少于 5 人，应聘

者之间争论较少，不易充分展开讨论；人数多于 7 人，组员之间分歧可能过大，很难在规定时间内达成一致意见。

在为应聘者分组时必须注意：竞聘同一岗位的应聘者必须被安排在同一小组，以利于相互比较；以前曾经接受过无领导小组讨论训练的应聘者与没接受过这方面训练的应聘者应尽量分在不同的小组。

④ 选定并培训面试官。一般来说，无领导小组讨论的面试官应该由招聘职位部门的管理者和心理学家、专业人士共同组成，要考虑面试官的年龄、知识结构、性别等方面的组合。面试官确定以后，要统一实施培训。培训内容包括无领导小组讨论的实施过程、测评要素的评价标准、观察的技巧等方面。

（2）实施评估。做好了充分准备之后，无领导小组可进入实施阶段。一次完整的无领导小组讨论大概需要 45～60 分钟的时间，具体可分为 4 个阶段。

① 开始阶段。主持人介绍整个测评程序、宣读指导语、讨论的题目和注意事项，同时留出几分钟时间让应聘者阅读题目、独立思考，做好发言准备，准备时间一般为 3～5 分钟。

② 个人发言阶段。初步阐述自己的观点，摆明自己的态度和立场，发言的顺序可以依次轮流进行，也可以是随机的。主面试官控制每人的发言时间并观察记录发言者的主要内容，对应聘者形成初步的印象。

③ 自由讨论阶段。个人发言后，小组进入自由讨论阶段。应聘者不但要继续阐明自己的观点，而且要对别人的观点做出反应。每个应聘者必须充分展示自己的聪明才智。在讨论的最后，必须达成一致意见。

自由讨论的时间一般为 30～40 分钟，此阶段面试官不做任何干预。在整个讨论过程中，每个面试官要根据自己的观察对应聘者的表现根据公正、客观的原则在评分要素上打分。面试官在评分时不能相互商量，以避免相互影响。

④ 讨论结束。面试官撰写评定报告，内容包括此次讨论的整体情况、讨论问题的内容等，重点说明每个应聘者的具体表现、最终的录用决定以及自己的建议等。

（3）评估阶段。在这个阶段，面试官需注意以下问题。

① 评价要客观、公正，以事实为依据，避免带有主观色彩。

② 前后的评分标准应一致。

（4）总结反馈阶段。实施无领导小组讨论的工作结束后，特别需要注意评估反馈工作，与应聘者进行及时的沟通。缺乏与应聘者的沟通或沟通效果不好，会使无领导小组讨论失去其应用价值，另外也可能导致应聘者的某些消极行为。这对企业建设和个人发展都是不利的，需要慎重对待。

8.4.3 公文筐测试

文件筐测试主要用于考查应聘者的授权、控制、计划、分析、判断、决策等能力以及对于工作环境的理解与敏感程度。此方法能预测出应聘者在未来实际工作表现中的潜能。

1. 评估要素

文件筐测试的主要评估要素包括以下 5 种能力。

（1）计划组织能力。计划组织能力，是指根据已有的信息对某项工作做出合理的规划并确定明确的方法与步骤、所需的资源及协调各种资源的能力。

（2）决策能力。决策能力，是指在解决实际工作问题，特别是解决重要且紧急的关键问题时做出决策并提出解决方案的能力。

（3）分析判断能力。分析判断能力，是指识别问题并获得有效的信息，根据获得的信息提出解决问题的可行方案的能力。

（4）人际沟通能力。人际沟通能力，是指将自己的想法、意见准确地传达给别人，并让别人理解自己的想法和意见，同时也能接收到别人的想法和意见，让自己理解别人的想法和意见的能力。

（5）创新能力。创新能力，是指个体运用已有的基础知识和可以利用的材料，以及由于掌握相关学科的前沿知识，进而产生某种新颖、独特、有社会价值或个人价值的思想、观点、方法和产品的能力。它由创新意识、创新思维、创新技能 3 大要素构成。

2. 文件筐测试的特点

（1）文件筐测试的优点。

① 表面效度高。测试中处理的文件和应聘岗位的日常的工作文件相似度高，能够较为真实地模拟岗位的实际工作情况，因此，该方法的表面效度较高。

② 考查范围广。文件资料涉及日常管理、人事行政、财务、市场等各项工作，从而能够被用来对高层及中层管理人员进行全面的、综合的测评与评价。

（2）文件筐测试的缺点。

① 标准化评估难度较大。不同的面试官因背景、经验、价值观等的不同，其评价标准也不同。因此对文件处理结果的评价由于面试官不同，评估的结果可能也不同，且评分标准不易标准化。

② 实施成本较高。考评应聘者的文件、试题等需要经过精心的设计与研究，同时，此测验对考评组成员的要求也很高，这都需要企业投入大量的人力、物力，只有这样才能保证测试结果的高效度。

3. 文件筐测试的操作流程

文件筐测试的操作流程如图 8-5 所示。

在编制文件筐测试题目时，要注意以下 3 点。

（1）测试文件应源于实际，即所编制的测试文件要与实际工作相关联。

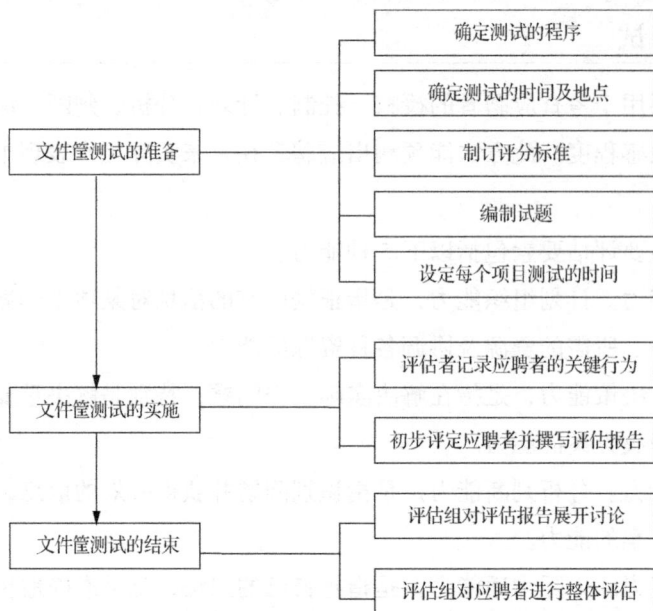

图 8-5　文件筐测试的操作流程

（2）难度适中。题目太难，超出实际工作需要，尽管也能满足招聘的需求，但会使被聘者大材小用，对企业、个人都是不负责任的。题目简单，不具有选拔的意义。

（3）测试文件的真实性。文件一方面要反映岗位实际工作的情况，另一方面又不得泄露企业秘密。

公文筐测试

8.4.4　角色扮演法

1. 角色扮演法适用范围

角色扮演法指的是用人单位通过精心设计管理场景，让应聘者扮演其中的角色来模拟完成工作情境中的一些活动，以实现评价其胜任能力的过程。角色扮演法主要适用于管理潜能的预测以及管理人员的选拔，主要考核应聘者的人际沟通能力、说服能力、表达能力、应变能力、突发事件处理能力、冲突处理能力、团队合作意识、个人承受压力能力、自信心等。

2. 角色扮演法运用须知

（1）角色扮演法测试点。角色扮演是一种情景模拟活动，在角色扮演中，面试官测试应试者的测试点主要有以下几个。

① 角色适应性。应聘者是否能迅速地判断事件的形势并进入角色情景，按照角色规定的要求采取相应的对策。

② 角色扮演中的表现。包括应聘者在角色扮演过程中所表现出来的行为风格、人际交往技巧、对突发事件的应变能力、思维的敏捷性等。

③ 其他。包括应聘者在扮演指定的角色处理问题的过程中所表现出来的决策、问题解决、指挥、协调、控制等管理能力。

（2）角色扮演法的优点、缺点。角色扮演法主要有图 8-6 所示的优点、缺点。

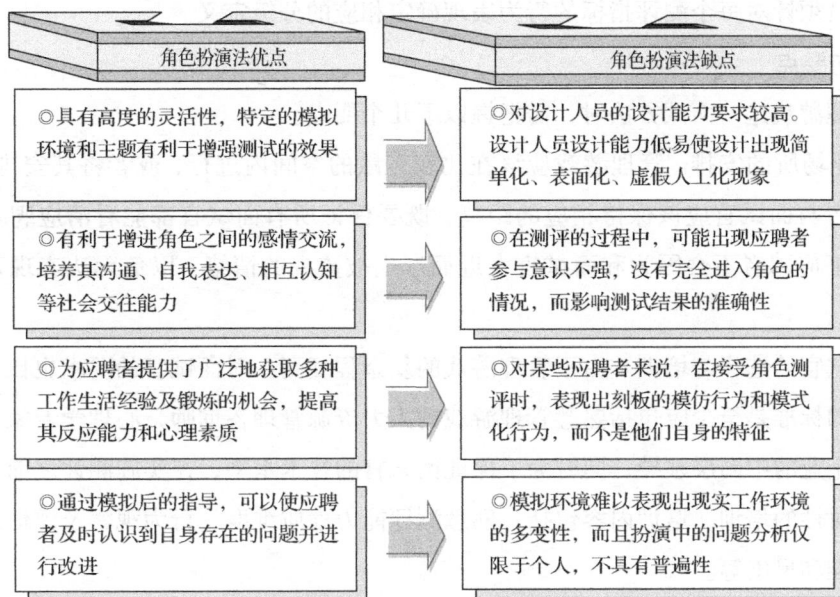

角色扮演法优点	角色扮演法缺点
◎具有高度的灵活性，特定的模拟环境和主题有利于增强测试的效果	◎对设计人员的设计能力要求较高。设计人员设计能力低易使设计出现简单化、表面化、虚假人工化现象
◎有利于增进角色之间的感情交流，培养其沟通、自我表达、相互认知等社会交往能力	◎在测评的过程中，可能出现应聘者参与意识不强，没有完全进入角色的情况，而影响测试结果的准确性
◎为应聘者提供了广泛地获取多种工作生活经验及锻炼的机会，提高其反应能力和心理素质	◎对某些应聘者来说，在接受角色测评时，表现出刻板的模仿行为和模式化行为，而不是他们自身的特征
◎通过模拟后的指导，可以使应聘者及时认识到自身存在的问题并进行改进	◎模拟环境难以表现出现实工作环境的多变性，而且扮演中的问题分析仅限于个人，不具有普遍性

图 8-6　角色扮演法的优缺点

3. 角色扮演法的运用程序

角色扮演法的运用分为准备，实施角色扮演，角色扮演结果评估、运用 3 个阶段。其中，准备阶段是其他两个阶段具体实施的前提，实施角色扮演阶段和角色扮演结果评估、运用是角色扮演法的具体实施，而且角色扮演结果评估、运用有利于提高角色扮演法的运用效果。角色扮演法的运用程序具体如图 8-7 所示。

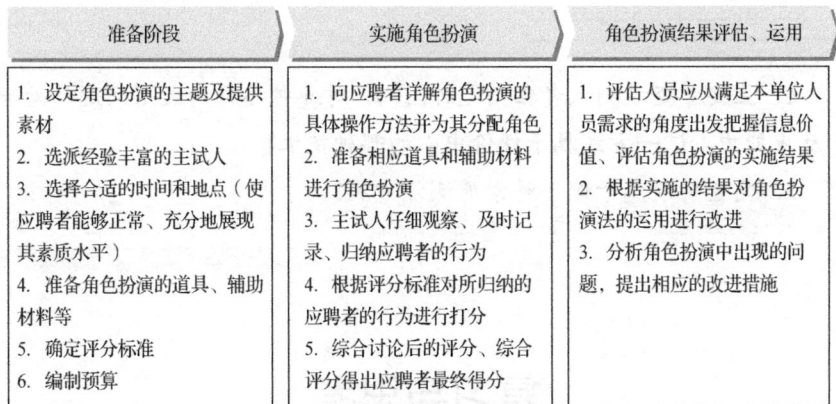

准备阶段	实施角色扮演	角色扮演结果评估、运用
1. 设定角色扮演的主题及提供素材 2. 选派经验丰富的主试人 3. 选择合适的时间和地点（使应聘者能够正常、充分地展现其素质水平） 4. 准备角色扮演的道具、辅助材料等 5. 确定评分标准 6. 编制预算	1. 向应聘者详解角色扮演的具体操作方法并为其分配角色 2. 准备相应道具和辅助材料进行角色扮演 3. 主试人仔细观察、及时记录、归纳应聘者的行为 4. 根据评分标准对所归纳的应聘者的行为进行打分 5. 综合讨论后的评分、综合评分得出应聘者最终得分	1. 评估人员应从满足本单位人员需求的角度出发把握信息价值、评估角色扮演的实施结果 2. 根据实施的结果对角色扮演法的运用进行改进 3. 分析角色扮演中出现的问题，提出相应的改进措施

图 8-7　角色扮演法的运用程序

8.4.5　管理游戏

1. 管理游戏面试的评价标准

管理游戏常被招聘人员运用于团队协作能力、分析判断能力、学习能力、创新能力、领导能力和沟通能力等素质的测评工作中。在具体应用的过程中，为方便面试官的评价评分工作，试题设计人员须针对每个测评指标的行为表现确定相应的分级定义。

2. 实施要点

运用管理游戏这一面试方法时，需把握以下几个要点。

（1）测评场所的安排。管理游戏应该在比较宽敞的空间内进行，或者将其安排在是室外。此外，应聘者与面试官应该保持相应的距离，既要保证所有面试官都能看清应聘者的活动内容，又要保证应聘者不会因为和面试官太近而产生被监视的情绪，以免无法表现正常的能力素质。

（2）面试官的选择与培训。由于管理游戏的复杂程度高，对面试官的要求也比较高，因此选择面试官的标准是至少应包括熟悉管理游戏的人力资源管理咨询师、心理学专家、目标职位直接上级或企业的中高层领导；同时为了保证面试官的技术水平，在实施测评之前，应对面试官进行有针对性的培训，培训内容包括：熟悉测评能力素质维度、行为观察及评估的技巧、评价的统一标准和尺度等。

（3）游戏过程的问题应对。由于管理游戏的形式活泼，因此在游戏过程中发生意外的可能性也较其他测评方式大，招聘人员应采取有效措施尽量避免。

与其他面试方式相比，管理游戏将复杂的测评内容与有趣的游戏结合起来，形式活泼，趣味性强，消除了应聘者的紧张感，使他们在游戏的过程中得到乐趣，更易激发应聘者潜在的能力及创造性。

【微课堂】

1. 主要考查被测试者在指定时间内，对各种各样的文书问题的处理和反应能力。这一方式属于评价中心的哪种技术？

2. 角色扮演属于哪一种素质测评方法？

复习与思考

1. 什么是结构化面试？

2. 结构化面试有哪些特点？

3. 什么是评价中心技术？
4. 评价中心技术主要包括哪些方法？

知识链接

沙盘模拟

沙盘最早被应用于军事活动中，指挥员们把它作为研究作战方案的重要道具。现今沙盘游戏被广泛应用于招聘工作中，同时也被赋予了新的内容和作用。在招聘中，通过沙盘推演，可以考查应聘者的决策能力、统筹能力、预测能力、分析能力、沟通能力、解决问题能力、团队合作能力等。

技能实训

实训内容	招聘小组成员分工

某企业拟采用评价中心法从内部选拔储备管理人员，假如你们是该企业负责招聘的小组成员，请讨论出一个方案，明确每名同学的职责，包括谁负责接待、谁负责出面试题、谁安排面试地点、谁作为面试官、谁负责面试评价表编制等，以便对初次面试人员做出妥善安排和评价，见下表。

面试小组成员职责划分		
团队成员	职责划分	备注

【本章知识导图】

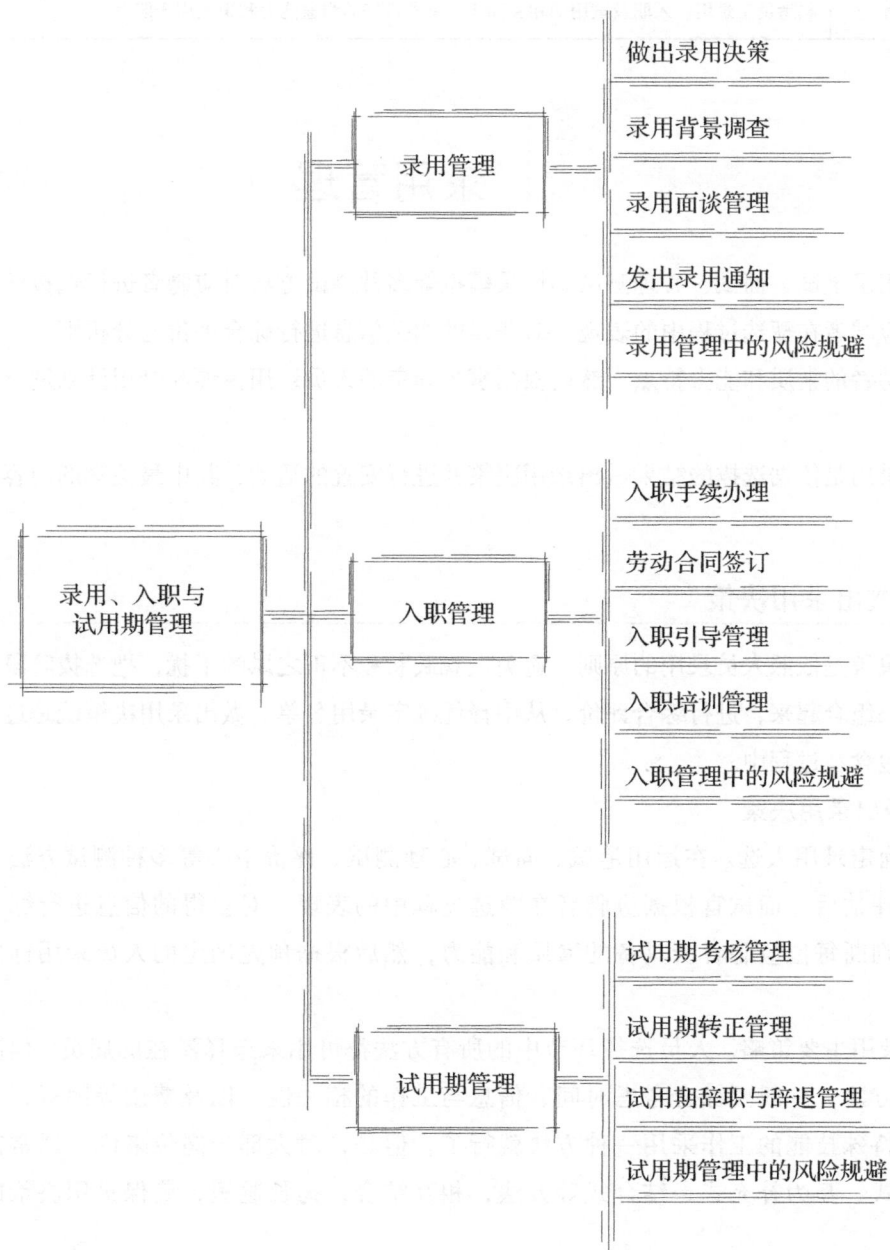

录用、入职与试用期管理

录用管理
- 做出录用决策
- 录用背景调查
- 录用面谈管理
- 发出录用通知
- 录用管理中的风险规避

入职管理
- 入职手续办理
- 劳动合同签订
- 入职引导管理
- 入职培训管理
- 入职管理中的风险规避

试用期管理
- 试用期考核管理
- 试用期转正管理
- 试用期辞职与辞退管理
- 试用期管理中的风险规避

【学习目标】

职业知识	• 明确员工录用的环节及入职手续办理的相关程序 • 明确试用期管理的标准及试用期考核内容
职业能力	• 能够通过对人员的对比分析，选择、录用适合岗位的优秀人员 • 对试用人员进行考评，并及时为试用人员办理转正及辞退手续
职业素质	熟悉员工录用、入职及试用的相关知识，具备良好的沟通能力和识人用人能力

9.1

录用管理

在运用了笔试、面试、心理测试和情景模拟等多种测试方法对应聘者进行选拔评估后，面试官根据应聘者在甄选过程中的表现，对获得的相关信息进行综合评价与分析汇总，从而了解每一位应聘者的素质和能力特点，然后根据事先确定的人员录用标准和录用计划进行录用阶段的管理。

人员录用是依据选拔的结果做出录用决策并进行安置的活动，其中最关键的内容是做好录用决策。

9.1.1 做出录用决策

录用决策是依照人员录用的原则，避免主观武断和不正之风的干扰，把选拔阶段多种考核和测验结果组合起来，进行综合评价，从中择优确定录用名单。做出录用决策既是过程又是结果，结果包含在过程中。

1. 做出录用决策

（1）确定录用人选。在运用笔试、面试、心理测试、评价中心等多种测试方法对应聘者进行选拔评估后，面试官根据应聘者在甄选过程中的表现，对获得的信息进行综合评价和分析后，判断每位应聘者所具备的素质和能力，然后根据预先确定的人员录用标准确定录用人选。

（2）录用主要策略。人员选拔环节中的所有方法都可用来选择潜在的雇员，但决定使用哪些选拔方法，一般要综合考虑时间、信息与工作的相关性，以及费用等因素，对相对简单或无须特殊技能的工作采用一种方法就行了。但是，对大部分岗位来说，通常需要采用多重淘汰式、互为补充式、结合式等方法，相互结合，扬长避短，确保录用决策的科学性和正确性。

① 多重淘汰式。多重淘汰式是指在人员选拔过程中采用多种测试方法，每种测试方法依次进行，其中每种测试方法都具有淘汰性，应聘者有一种测试没有达到要求即被淘汰。应聘者要想通过筛选，必须在每种测试中都达到要求的标准。最后全部通过的应聘者，再按最后综合分

数排出名次，择优确定录用名单。

② 互为补充式。互为补充式中不同测试的成绩可以互为补充，最后根据应聘者在所有测试中的总成绩做出录用决策。例如，分别对应聘者进行笔试与面试，再按照规定的笔试与面试的权重比例，算出应聘者的总成绩，决定录用人选。

值得注意的是，由于权重比例不一样，录用人选也会有差别。假设某次招聘中要在甲、乙两人中录用一人，两人的基本情况与考核得分综合不相上下，到底录用谁，关键要看不同项目的权重系数。

③ 结合式。结合式是指选拔过程中的测试方法由多重淘汰式和互为补充式测试共同组成，测试的顺序是首先进行多重淘汰式测试，再进行互为补充式测试。多重淘汰式测试中一项不通过者即被淘汰，全部通过者再进行互为补充式测试。最后综合应聘者的总成绩，决定录用人选。

2．录用决策的注意事项

在做出最终录用决策时，应当注意以下 4 个问题。

（1）招聘小组成员事先要形成统一的评价标准。

（2）当人力资源部与用人部门在职位人选问题上意见有冲突时，应尊重用人部门的意见。

（3）根据岗位说明书制定适合的录用标准，并根据标准选择企业需要的合适的人选，将其放在适合的岗位上，而不应该将录用标准定得太高。

（4）留有后备人选。

9.1.2　录用背景调查

在确定录用人选之后，并且在该拟录用人选上岗之前，用人单位一般会通过应聘者原来的单位雇主、同事及人力资源部工作人员等相关人士了解该应聘者的情况，以核实应聘者所提供信息的真实性和准确性。尤其是对于企业的经理级以上的职位或比较重要的岗位（如财务、采购、技术等职位），背景调查尤为必要。

1．调查的内容及途径

在做员工背景调查时，应调查的项目及途径如表 9-1 所示。

表 9-1　　　　　　　　　　　　　员工背景调查项目及途径

调查项目	调查途径
考查简历的真伪	根据拟录用人员个人的回答判断简历各项内容的真实性
毕业证书、学位证书是否造假	通过中国高等教育学生信息网查询
职称、职业任职资格等证书是否造假	通过相关考试培训认证机构或网络查询
工作经历是否属实	向拟录用人员的原单位查询
是否与前用人单位解除劳动关系	要求拟录用人员提供离职证明书

调查项目	调查途径
是否签有竞业限制协议并在期限内	向拟录用人员的原单位查询
职业道德如何，是否有职务犯罪记录	向拟录用人员的原单位调查（尤其经理级以上及其他重要职位）
离职的真实原因	根据拟录用人员的回答向其原单位查询，判断两者的一致性

2. 背景调查应注意的事项

对拟录用人员进行背景调查时，应从多渠道、多角度调查信息的真实性，切忌听信片面之词。调查的方法有电话、访谈及要求提供推荐信等，也可聘请专业的调查机构实施员工背景调查。

同时，在进行员工背景调查时，最好选择确定录用人选和该拟录用人员上岗前的间隙，时间过早，会浪费招聘人员的精力，而时间过晚，则会引起不必要的用工麻烦。另外，应调查与工作相关的信息，并以书面形式保存记录，以作为将来录用或辞退员工的书面依据。

3. 背景调查问题样表

人力资源部门实施背景调查前，应事先设计好拟调查的问题，做好充分的调查准备。背景调查问题样表以供参考，如图 9-1 和图 9-2 所示。

背景调查函

××企业：

您好!

我们是××企业人力资源部的员工，我们想核实一下贵企业前任员工××的情况，因为他（她）目前正在应聘我们公司的会计这一职位，希望您能配合我们的工作。

1. 他（她）在贵企业工作的起止时间？

2. 他（她）在贵企业担任何种职务？主要工作职责有哪些？

3. 他（她）的工作表现如何？

4. 同事及领导对他（她）的评价如何？

5. 他（她）离职的原因是什么？

6. 他（她）在工作中有无突出的表现或事迹？

7. 他（她）的工作态度如何，考勤情况怎样？

8. 您觉得他（她）最突出的优点是什么？

9. 贵企业是否愿意再继续雇用他（她）？

10. 如果您从整体上给他（她）打分，1～10 分，10 分是最高分，您会给他（她）打几分？

非常感谢您的合作!

××企业人力资源部

___年___月___日

图 9-1　背景调查问题样表 1

背景调查问题样表

尊敬的_____企业人力资源部经理：

您好！贵企业前任员工___女士/先生将被我公司聘用担任____职务。现我企业需对其相关情况进行核实，烦请贵公司协助填写本样表，并加盖公章，对于您的协助，我们不胜感激！

学　历		所属部门		所任职位	
职责					
在贵企业工作起止时间					
劳动合同起止时间					
贵企业已为其办理的社会保险	□ 养老保险　　□ 医疗保险　　□ 失业保险 □ 工伤保险　　□ 生育保险				
是否与贵企业解除劳动合同	□ 已解除　　□ 未解除				
离职原因	□ 合同到期　　□ 被开除　　□ 被辞退 □ 主动辞职　　□ 其他（请注明）				
近期工作表现	□ 很好，能出色完成各项工作 □ 一般，基本能完成本职工作 □ 较差，几乎不能完成本职工作				
有无违纪行为	□ 经常违纪　　□ 偶尔违纪　　□ 从不违纪				
请您盖章或签名： 　　　　　　年　　月　　日					

非常感谢您的合作！祝您工作愉快！

此致

敬礼

××企业人力资源部
____年____月____日

图 9-2　背景调查问题样表 2

9.1.3　录用面谈管理

新到岗的员工根据招聘渠道不同可以分为两类：一是外部招聘进来的新员工；二是通过企业内部竞选到新岗位的员工。

对于外部引进的新员工，进入企业后最好安排相关的负责人与其就工作职责、企业规章制度、企业文化、企业的组织结构等进行沟通，这样可以使其加深对工作的了解，有利于以后工作的开展。

对于通过内部竞选到新岗位的员工，安排指导人重点讲解与工作岗位职责相关的事项，帮助其尽快熟悉岗位。

9.1.4 发出录用通知

企业在对应聘者进行以上几个程序的考核后，进行所需人员的最终确定。

通知被录用者可以通过电话或者信函联系，联系时要讲清向录用者提供的岗位、待遇、何时来报到、地点等信息。录用通知书的格式可参考如下。

录用通知书

先生/女士：

非常高兴地通知您，我公司将向您提供_____岗位。

很希望您能接受这项工作。我公司将会为您提供很好的发展机会、良好的工作环境和优厚的报酬。

您的月薪是_____元，其他福利_____。

请您在____月____日来公司报到，并携带以下证件：

两张一寸免冠照片、身份证、毕业证书、学位证书、相关的职业资格证书。

报到地点：_____。

如果您还有什么问题，请与我部联系，联系电话：××××-××××××××。

××公司人力资源部

年　月　日

录用通知书是企业发给拟录用应聘者的通知，意在告知应聘者已被录用的情况，是与应聘者签订正式劳动合同的"要约"，是签订正式劳动合同的前奏。

对于未被录用的应聘者，也应及时地告知对方。对于应聘者来说，可以抓紧时间寻找其他的工作，对于企业来说，可以体现企业形象，赢得声誉。告知他们的方式除了电话感谢他们的支持外，也可以用辞谢通知书，格式可参考如下。

辞谢通知书

尊敬的_____先生/女士：

非常感谢您对敝公司的关注和对我们工作的支持！

您在应聘期间的良好表现给我们留下了深刻的印象。但是由于我们招聘的岗位名额有限，这次只能割爱。我们已将您的有关资料放入我们的人才资料库，如果下次再有空缺，我们会优先考虑您！

感谢您对我们所做出决定的理解。祝您早日找到理想的工作！

××公司人力资源部

年　月　日

9.1.5 录用管理中的风险规避

在实践中，企业发出录用通知后又单方反悔，致使劳动者权益受损的现象并不少见。有些企业认为，按照劳动合同法的规定，劳动关系自用工之日起建立，现在还没有用工呢，所以，想反悔就反悔了，没有什么问题。但是，根据我们前面讲到的，发放录用通知书或电话、短信息通知劳动者录用了，在法律性质上都属于要约。根据规定，要约对双方都是有约束力的。

因此，一旦发出要约了，要约人（即企业）要受到要约的约束，所以，一旦反悔的话，即使双方之间还没有建立劳动关系，企业也要承担一个缔约过失的违约责任，在这种情况下，给劳动者造成损失的，劳动者能证明损失的存在的，企业还要承担赔偿责任。

为了规范员工录用工作的事宜，企业有必要通过制度的形式对其中的有关内容予以明确，下文是一个范例，仅供参考。

员工录用管理制度

第 1 章 总则

第 1 条 目的

为了规范公司的员工录用管理流程，保证人力资源的高效配置，健全公司的人才选用机制，特制定本制度。

第 2 条 适用范围

本制度适用于公司范围内所有新员工的录用管理工作。

第 2 章 录用通知

第 3 条 对通过笔试、面试等环节的选拔，经公司考核合格的应聘者，人力资源部应在做出录用决策后的_____个工作日内向其发出录用通知。

第 4 条 员工录用通知应注明具体报到时间、地点以及应携带的个人资料等。

第 5 条 对未被公司录用的人员，人力资源部应礼貌地以电话、邮件或者信函的形式及时告知对方。

第 3 章 资料审核

第 6 条 被录用的员工应在人力资源部指定的时间报到并办理入职手续。

第 7 条 对在发出正式录用通知_____天内不报到者，人力资源部可取消其录用资格，特殊情况经批准后可延期报到。

第 8 条 新员工在报到时需向人力资源部提供以下资料。

1. 本人身份证、最高学历证明、职称证明等有效证件的复印件。

2. 近期一寸彩色免冠照片。

3. 前工作单位离职证明、前工作单位地址、电话号码、联系人姓名等资料。

4. 入职体检报告。

5. 其他规定需要提交的资料。

第 9 条 背景调查

1. 人力资源部接收到新员工的相关资料后应仔细审查，避免出现身份不符或虚假证件等情况。

2. 人力资源部可视情况对新员工做有关背景调查，调查的主要内容包括员工学历水平、工作经历、综合素质等。

第4章　办理入职手续

第10条　新员工交付有关证明后，须填写"员工登记表"，由人力资源部为新员工建立个人档案。

第11条　人力资源部为新员工发放考勤卡、其他相关办公用品及安排工位。

第12条　新员工入职手续办理后，由人力资源部通知用人部门做好相应的工作安排。

第13条　员工一经录用，公司将按国家劳动法的有关规定，与新员工在平等、自愿、协商一致的基础上签订劳动合同。

第5章　附则

第14条　本制度由人力资源部负责制定，修改亦同。

第15条　本制度自下发之日起执行。

【微课堂】

> 　　王强前几天接到一家公司的录用通知书，告知他已被录用。可当他去报到的时候，却得知录用通知已经被撤销。试问，该企业的做法是否合理，并说明其影响。

9.2

入职管理

新员工的入职管理是员工管理的起点，入职管理的成效直接关系到员工管理后续工作的开展。如何做好员工的初期管理，使他们更快地融入企业、更快地融入工作中，对员工和企业来说都很重要。员工入职工作主要包括入职手续办理、劳动合同签订、入职引导管理和入职培训管理4项内容。

9.2.1　入职手续办理

新录用员工接到公司录用通知后，要在规定时间内到公司报到。人力资源部负责为新员工办理入职手续。入职手续的办理包括以下事项。

1. 验收相关证件

相关证件包括身份证、学历证书、毕业证书、离职证明、照片、职称证书、英语等级证书等。

2. 员工入职体检

员工进入用人单位工作之前，需进行身体检查，其目的是保证员工的身体健康，更好地进行工作。

企业可通知员工在入职时提交医院出具的体检报告，或安排员工自行到指定医疗机构进行入职体检。当然，企业也可统一组织新员工入职体检的事宜。其示例如图 9-3 所示。

入职体检通知

集团各中心（部门）、各事业部、各子（分）公司：

为帮助员工有效地预防和监控疾病，经公司研究决定，组织公司新入职员工进行一次集中健康体检。现将具体事宜通知如下。

1. 体检对象：____月____日前新入职的员工

2. 入职体验医院及地址（略）

3. 体检项目及资费（略）

4. 体检程序说明

拟入职员工本人到医院进行规定项目体检→医院通知公司体检结果→公司通知拟入职员工本人到医院取体检报告→拟入职员工本人持医院体检报告到公司人力资源部报道→办理入职手续

图 9-3　入职体检通知示例

3. 填写入职登记表

入职登记表包括员工个人信息、联系方式、所属部门、所任职务、工作经历、所受教育、培训经历等如表 9-2 所示。

表 9-2　　　　　　　　　　　　员工入职登记表

姓名		性别		出生年月日	
职位		所属部门		入职日期	
个人基本信息	现居住地址				
	家庭地址				
	户口所在地				
	身份证号码				
	身体健康状况		婚姻状况		爱好	
	联系方式		E-mail			
	紧急联系人		联系方式		与本人的关系	

续表

工作经历 （最近五年内）	工作时间	工作单位	担任职务	证明人
所受教育 （从高中填起）	时间	学校名称	专业	学位
所接受的培训	时间	培训机构	培训内容	所获证书

4．签订劳动合同

视具体情况签订固定期限、无固定期限和以完成一定工作任务为期限的劳动合同。

9.2.2　劳动合同签订

员工入职管理中，最重要的工作之一便是签订劳动合同。劳动合同，是指劳动者与用人单位之间确立劳动关系，明确双方权利和义务的协议。

1．劳动合同必备条款

按照国家劳动合同法的规定，一份劳动合同应该具备以下条款。

（1）用人单位的名称、住所和法定代表人或者主要负责人。

（2）劳动者的姓名、住址和居民身份证或者其他有效身份证件号码。

（3）劳动合同期限。

（4）工作内容和工作地点。

（5）工作时间和休息休假。

（6）劳动报酬。

（7）社会保险。

（8）劳动保护、劳动条件和职业危害防护。

（9）法律、法规规定应当纳入劳动合同的其他事项。

2．劳动合同期限及试用期规定

按照国家法律法规相关规定，签订不同期限的劳动合同，其试用期是有所不同的。

（1）合同期限在3个月以上不满1年的，试用期≤1个月。

（2）合同期限在1年以上不满3年的，试用期≤2个月。

（3）3年以上固定期限和无固定期限合同，试用期≤6个月。

同一用人单位与同一劳动者只能约定一次试用期。另外，还需注意以下两种情况。

（1）以完成一定工作任务为期限的劳动合同或者劳动合同期限不满 3 个月的，不得约定试用期。

（2）试用期包含在劳动合同期限内。劳动合同仅约定试用期的，如果试用期不成立，则该期限为劳动合同期限。

同时，在与新员工签订劳动合同时，人力资源部还应制作劳动合同签收备案表，以方便劳动用工管理，如表 9-3 所示。

表 9-3 　　　　　　　　　　　　　　合同签收备案表

合同编号	员工姓名	劳动合同期限		签收日期	员工签名	备注
		起始日期	终止日期			

下面是劳动合同的样本，供读者参考

劳动合同样本

甲　　方：　　　　　　　　乙　　方：

法人代表：　　　　　　　　联系方式（家庭电话）：

公司地址：　　　　　　　　身份证号码：

根据《中华人民共和国劳动法》和____省/市/县/镇相关劳动法规规定，甲乙双方本着自愿、平等的原则，经协商一致，自愿签订本合同。

一、劳动合同期限

本劳动合同类型为固定期限劳动合同。

其中试用期为___个月，合同期限为___年，自___年___月___日起至___年___月___日止。本合同生效日期为___年___月___日。

二、工作内容

乙方同意根据甲方工作需要，工作地点为____，从事____岗位的工作。乙方应按时、保质保量地完成甲方指派的工作任务。

三、工作时间

甲方安排乙方执行____工作制，每周上班____天，上班时间为__至__。

甲方安排乙方加班的，应安排乙方同等时间补休或依法支付加班工资；加点的，甲方应支付加点工资。

四、劳动报酬

1. 工资分配遵循按劳分配原则。

2. 甲方以货币形式支付乙方工资，工资为___元人民币/月，其中，试用期间工资为___元人民币/月。

3. 甲方于次月___日发上月工资，遇到周六、周日顺延 2 天。

五、保险福利待遇

1. 甲乙双方应按国家有关部门关于社会保险的有关规定缴纳职工养老、失业和大病医疗统筹、生育及工伤保险。

2. 乙方享有国家规定的法定假期。

3. 甲方为乙方提供必要的福利待遇。

4. 乙方可参加甲方每年组织的旅游等文体活动。

六、劳动纪律

1. 乙方应遵守国家的法律、法规及甲方依法制订的规章制度；爱护甲方的财产，遵守职业道德；积极参加甲方组织的培训。

2. 乙方违反甲方依法制订的劳动纪律和规章制度，甲方可依据本单位规章制度给予纪律处分，直到解除本合同。

七、劳动合同的解除

1. 乙方有下列情形之一的，甲方可以解除本合同。

（1）在试用期间，被证明不符合录用条件的。

（2）严重违反劳动纪律或给甲方带来重大利益损害的。

（3）严重失职、营私舞弊，对甲方利益造成损失的。

（4）泄露甲方商业秘密，给甲方造成严重损失的。

（5）被依法追究刑事责任的。

2. 乙方有下列情形之一的，甲方可以解除劳动合同，但需提前 30 天以书面形式通知乙方。

（1）不能胜任岗位，经过培训或调整工作岗位仍不能胜任工作的。

（2）乙方患病或非因工负伤、医疗期满后，不能从事原工作也不能从事甲方另行安排的工作的。

（3）劳动合同订立时依据的客观情况发生重大变化，致使劳动合同无法履行，经当事人协商不能就变更劳动合同达成协议的。

3. 乙方有下列情形之一，甲方不能依据本合同第六款第二条的规定解除本合同。

（1）患职业病或者因工负伤，劳动鉴定委员会确认丧失或者部分丧失劳动能力的。

（2）患病或非因工负伤，在规定的医疗期的。

（3）女职工在孕期、产期、哺乳期的。

（4）法律、行政法规规定的其他情形。

4. 有下列情形之一的，乙方可以随时通知甲方解除本合同。

（1）在试用期内的。

（2）甲方以威胁、暴力等手段强迫乙方劳动的。

（3）甲方未按照本合同规定支付劳动报酬或者提供劳动条件的。

八、劳动合同的续签

本合同期限届满，劳动关系即终止。甲乙双方经协商同意，可以续订劳动合同，续签的期限为一年。

九、违反劳动合同的经济补偿

有下列情形之一的，甲方需按照下列标准支付给乙方经济补偿金。

1. 用人单位克扣或者无故拖欠劳动者工资的，以及拒不支付劳动者延长工作时间的工资报酬的，除在规定的时间内全额支付劳动者工资报酬外，还需加发相当于工资报酬百分之二十五的经济补偿金。

2. 用人单位支付劳动者的工资报酬低于当地最低工资标准的，要在补足低于标准的部分的同时，另外支付相当于低于部分的百分之二十五的经济补偿金。

3. 经劳动合同当事人协商一致，由用人单位解除劳动合同的，用人单位应根据劳动者在本单位工作年限，每满一年发给相当于一个月工资的经济补偿金，最多不超过十二个月。工作时间不满一年的按一年的标准发给经济补偿金。

4. 劳动者不能胜任工作，经过培训或者调整工作岗位仍不能胜任工作，由用人单位解除劳动合同的，用人单位应按其在本单位工作的年限，工作时间每满一年，发给相当于一个月工资的经济补偿金，最多不超过十二个月。

5. 劳动合同订立时所依据的客观情况发生重大变化，致使原劳动合同无法履行，经当事人协商不能就变更劳动合同达成协议，由用人单位解除劳动合同的，用人单位按劳动者在本单位工作的年限，工作时间每满一年发给相当于一个月工资的经济补偿金。

本办法中经济补偿金的工资计算标准是指企业正常生产情况下劳动者解除合同前十二个月的月平均工资。

十、劳动争议处理

因履行本合同发生的劳动争议，当事人可以向本单位劳动争议调解委员会申请调解，调解不成，当事人一方要求仲裁的，应当自劳动争议发生之日起六十日内向企业所在地的劳动争议仲裁委员会申请仲裁。对裁决不服的，可以向企业所在地的人民法院提起诉讼。

十一、其他

1. 本合同一式两份，甲乙双方各执一份，具有同等法律效力。合同自签订之日起生效。

2. 本合同未尽事宜，按照《中华人民共和国劳动法》、当地劳动合同规定和甲方的有关规定执行。

3. 本合同条款如与国家法律、法规和政策相悖，以国家法规政策为准。

甲方（盖章）：   乙方（签字）：

法定代表人（盖章）：

签订日期：   签订日期：

9.2.3 入职引导管理

入职引导，是企业对新员工开展的有关企业文化、岗位职责、行为准则等方面的入职教育、培训和指导，使员工快速适应企业环境，尽快进入岗位角色。现代企业已经把新员工入职引导纳入企业的整体培训体系当中，新员工入职培训和引导相结合，对于企业和新员工来说是双赢的选择。进行新员工入职引导，其作用如下。

1. 从企业的角度来说，入职引导的作用

（1）帮助新员工适应工作群体和规范。

（2）帮助新员工学习企业的价值观、企业文化。

（3）鼓励新员工形成积极的态度。

（4）协助新员工获得适当的角色行为。

（5）减少新员工的压力和焦虑。

（6）降低前期成本。

（7）降低员工流动性。

（8）缩短新员工达到工作熟练精通程度的时间。

2. 从新员工的角度，入职引导对新员工的作用

（1）更快地适应新环境。新员工通过了解企业概况、发展前景及规章制度，能够减少其初到新环境的紧张和不安，使其能够更快地适应新环境。

（2）快速胜任新工作。新员工可以尽快熟悉自己的工作，明确自己的职责，以便更好地胜任本职工作。

（3）快速融入新文化。企业营造了良好的人际关系氛围，新员工能有效快速地融入企业文化，减少因不同工作背景带来的"文化冲突"，增强全体员工的团队合作意识。

3. 入职引导的内容

结合新员工入职面临的问题和上述入职引导对于企业及员工个人的重要作用，入职引导的内容已基本明确。对新员工入职引导的内容包含以下3个方面。

（1）熟悉工作环境。工作环境包括企业宏观环境和工作微观环境，企业宏观环境的内容包括发展历史、行业地位、发展趋势、优势和挑战、产品服务、企业文化；工作微观环境的内容包括组织架构、部门职能、办公设备、生产设备、办公场所、后勤保障。

（2）了解工作制度。企业规章制度的培训是入职引导的重点部分，也是占用时间较长的部分，且关系到员工的切身利益。包括企业各项人力资源管理制度（招聘、薪酬、培训、绩效等方面）、行政办公管理制度、奖惩管理制度、财务管理制度、安全管理制度等。

（3）认知工作岗位。根据职位说明书，向新员工介绍其所在岗位的主要职责、上级主管、工作任务、工作流程及绩效考核的具体规定等。对于技术性较强的岗位，还应安排新员工进行实操训练。

此外，与工作岗位有关的入职引导还应包括员工行为标准、着装要求、工作场所行为规范、工作休息制度、礼仪仪表等方面的培训。

9.2.4 入职培训管理

进入一个新的企业，开始一项新的工作对新员工来说是充满压力的，新员工要在一个完全陌生的工作环境中与不熟悉的人一起工作。为了在新的工作岗位上取得成绩，新员工必须学习新的工作方法、新的业务类型、新的工作流程，了解企业对自己的期望、企业的文化、价值观、

制度体系等。

因此，企业采取措施帮助新员工完成其在新企业中的顺利过渡是非常必要的。入职培训与关怀是普遍使用的一种方法。

1. 入职培训的作用

不同的企业使用不同的入职培训方法，但其作用却具有共性，入职培训的作用前文已述，此处不再重复。

2. 培训内容

（1）组织新员工就企业概况及岗位职能概况进行培训，使新员工能够尽快地了解企业概况，认同企业文化。

（2）业务部门对其进行部门业务流程以及业务方面的相关培训，使新员工能胜任应聘岗位的工作。同时根据部门工作目标，与新员工共同制订工作计划，合理安排新员工的日常工作和阶段工作。

9.2.5 入职管理中的风险规避

招聘员工是需要成本的，如果招聘过程不够谨慎，会让企业多付出成本。更重要的是，如果招聘时不小心引进了与其他单位还有劳动关系的员工，还有可能要赔偿其他用人单位的损失。因此企业在为员工办理入职时的审查工作是十分重要的。具体而言，审查的内容及可能存在的风险如表 9-4 所示。

表 9-4 入职审查时的风险规避

审查的内容	影响	规避的措施
基本信息是否真实	倘若员工对自身的描述中含有"水分"，会直接影响后期的绩效，这本身就是一种偏高的成本	招聘时要认真核查员工的基本信息，如让员工填写员工入职登记表，表上的基本信息等都由员工本人亲自填写，并注明填写内容真实，否则承担不利后果，甚至解除劳动合同
身体是否健康	员工入职后企业才发现员工入职前就存在潜在疾病甚至职业病。但是在劳动者没有违法违纪的情况下，不能随意解除劳动合同	做好员工入职前的健康检查工作
是否与其他用人单位存在有效的劳动合同	企业招用尚未解除劳动关系的劳动者，给原用人单位造成经济损失的，该企业应依法承担连带赔偿责任	通常采取的方式是要求应聘员工出具前一个用人单位的离职证明书或者终止劳动关系等证明，也可以由企业的人力资源部门打电话或去现场进行核实
是否与其他单位负有竞业限制义务	招聘知识型、技术型和高管人员时，要确认其与原单位并没有签订保守商业秘密和竞业禁止的条款，防止连带责任发生	在招聘时可以通过查阅员工与原单位签订的劳动合同，也可以让员工写下保证书，保证其不负有保密和竞业限制的义务，否则责任自负

【微课堂】

1. 新员工入职手续办理包括哪些项目？
2. 简述入职培训的作用与内容。

9.3

试用期管理

企业与员工签订劳动合同后，对新员工有一个考查期，即试用期，时间一般为 1～3 个月不等，最长不超过 6 个月，企业根据员工在此期间的表现决定是否正式聘用。具体而言，试用管理包括几个方面：试用期考核管理是对试用期间能力的鉴别，试用期转正管理和试用期辞退管理是对试用期满人员的结果处理等。

9.3.1 试用期考核管理

试用期间，员工和企业可以增进对对方的了解。待员工试用期考核合格后，才能转为正式员工。

1. 考核内容

（1）对新员工的工作能力、发展潜力、岗位匹配度、职业趋向、人品素养等方面的考查。

（2）对新员工的纪律性、团队意识、主动性、积极性等工作态度方面的考查。

2. 考核信息来源

（1）主管记录的员工工作过程中的关键行为和关键条件。

（2）员工的各种培训记录。

（3）定期的工作汇报、日常总结资料。

（4）同一团队的评价、相关部门及团队的反馈意见和证明材料。

（5）主管与员工沟通过程中积累的有关信息。

（6）直接产生的工作绩效。

3. 考核方式

（1）笔试。主要针对工作的基本常识和专业知识水平的测试。

（2）面试。面试一般由部门经理及以上的领导来考核，除了考查新员工专业知识的掌握程度外，还要考查其综合素质。

（3）实操演练。实操演练主要是针对技术性较强的岗位，采取的方式是让岗位任职者从事实际工作。

4. 试用期考核的基本原则

（1）实事求是原则。考核要以日常管理中的观察、记录为基础，定量与定性相结合，强调以数据和事实说话。

（2）区别对待原则。相对于正式员工的绩效考核而言，对于试用期员工的考评是综合考评，需要对其任职状况、工作态度和工作绩效做全面的评价。

（3）考评结合原则。对于试用期员工的考核，以日常的周、日、试用期结束的期终考核相结合的方式进行综合评价，力求客观、公正、全面。

（4）效率优先原则。对于考核结果证明不符合录用条件或能力明显不适应工作需求、工作缺乏责任心和主动性的员工，要及时按规定终止试用期。管理者未按企业规定而随意辞退员工或符合企业辞退条件而未及时提出辞退建议，致使造成不良后果或不良影响的，相关人员必须承担管理责任。

5．试用期考核流程

（1）员工入职试用后，企业人力资源部为其指定入职引导人，并向入职引导人发放"新员工试用期表现记录表"。

（2）入职引导人帮助新员工熟悉工作环境、工作内容、规章制度等，使其迅速进入工作角色。

（3）入职引导人根据新员工的工作表现填写"新员工试用期表现表"，作为考核依据。

（4）人力资源部在规定时间对新员工进行试用考核，其试用期考核表范例如表 9-5 所示。

表 9-5   试用期考核表

姓名		职位		职位编号			
所属部门		直属领导		填写日期			
自我鉴定				签字： 日期：			
工作任务完成情况评定		工作任务		员工自评		直属领导评定	
部门负责人评估		工作态度		□优秀　□良好　□一般　□较差			
		工作主动性		□优秀　□良好　□一般　□较差			
		工作责任感		□优秀　□良好　□一般　□较差			
		工作效率		□优秀　□良好　□一般　□较差			
		工作质量		□优秀　□良好　□一般　□较差			
人力资源部意见				签字： 日期：			
总经理意见				签字： 日期：			

（5）人力资源部汇总考核结果，并将考核结果通知试用员工。

6．考核等级

"优秀"，相对于试用期而言，各方面都表现突出，尤其是工作绩效方面一定远远超出了试用期员工的要求。

"良好"，各方面超过对试用期员工的目标要求。

"合格"，达到或基本达到对试用期员工的基本要求。

"不合格"，达不到对试用期员工的基本要求。

7．阶段考核与期终评议的关系

综合阶段考核和期终评议结果决定员工的转正（提前转正、正常转正、延期转正）、定级与辞退。

试用期员工阶段（周月）考核结果为不合格时，取消试用资格。

试用员工阶段月评议为优秀时，可由用人部门安排提前进行期终考核，杰出者由部门、个人申请报人力资源部可提前转正、定级。

其他情况原则上要执行满试用期，并参加期终考核，根据结果办理相关手续。

9.3.2 试用期转正管理

试用期转正管理包括以下3个方面。

1．到期转正

劳动合同中根据劳动合同的期限大多会约定新员工的试用期。对于在试用期内无重大违纪行为，经过试用期的培训、考核能够胜任岗位本职工作的新员工，试用期到期日前填写相关资料并经审批后，可办理相关转正手续，即到期转正。

关于试用期员工转正与否等事宜，人力资源部应和用人部门进行沟通，并依据试用期的考核和考核表记录的实际情况执行。

2．提前转正

在试用期内新员工工作表现突出，并且认同企业文化，能够很快融入工作团队。鉴于此，用人部门负责人可与人力资源部沟通提出缩短试用期的建议。

新员工提前转正所需填写资料表格和审批流程同到期转正相同。提前转正是对新员工工作等方面的高度认可，能够很好地激励新员工继续努力。

3．延期转正

员工在约定的试用期内，经过培训、考核，不能很好地胜任工作，但鉴于员工工作态度良好，愿意继续学习试用，用人部门负责人经与人力资源部沟通，可适当延长其试用期。

9.3.3 试用期辞职与辞退管理

试用期辞职是指在试用期内员工经过对新环境的了解及新工作的熟悉和接触，感觉自己对新工作不适应或由于其他原因不愿继续在企业工作，主动提出离职要求。

试用期辞退，即在试用期内由于新员工有重大违法违纪行为、严重违反企业规章制度、不能胜任工作且态度不端正等一种或几种情况发生时，用人部门负责人经与人力资源部沟通，依据相关法律规定终止对该员工的试用。

9.3.4 试用期管理中的风险规避

在员工试用的过程中，企业人力资源管理人员需要做好员工试用期的管理，以规避风险。

1. 试用期的设置

试用期的设置应符合《中华人民共和国劳动合同法》的规定。

2. 试用期考核

试用期评定考核是人力资源部组织的考核工作，即对试用期人员在企业的各方面表现进行评价，部分企业由于忽视试用期考核，容易影响考核结果，影响新员工的转正决策。一般情况下，员工考核应当注意图 9-4 所示的 4 部分内容。

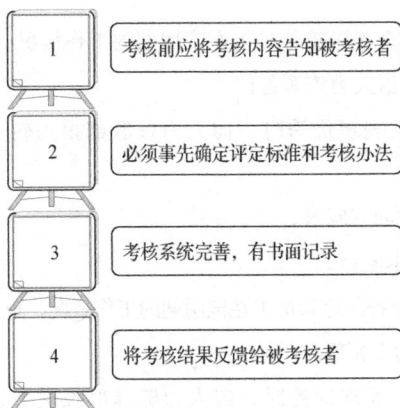

1	考核前应将考核内容告知被考核者
2	必须事先确定评定标准和考核办法
3	考核系统完善，有书面记录
4	将考核结果反馈给被考核者

图 9-4　试用期考核注意事项

3. 试用期转正管理

对试用考核合格者，即对转正审批通过的员工，人力资源部应及时更新员工信息，将转正信息录入员工个人信息库，办理员工岗位及薪资变更相关手续。

【微课堂】

　　试用期评定考核就是人力资源部对试用期人员在企业的各方面表现进行评价，按照一定方法汇总考核结果，为管理者制定新员工转正决策提供依据。请问，在进行试用考核时，应注意哪些问题？

为了规范员工试用管理工作的事宜，企业有必要通过制度的形式对其中的有关内容予以明确，下文是一则范例，仅供参考。

员工试用管理制度

第1章　总则

第1条　目的

为达到以下目的，特制定本制度。

1. 规范试用期员工管理，为新员工指导、培训与考核提供依据，同时也为用人部门有效了解新员工的能力和素质提供指导。

2. 使新员工更好地了解并认同公司文化，明确岗位要求，促使其更快地适应工作环境和工作岗位，促进员工的发展同公司的发展目标有效结合。

第2条　管理职责

1. 用人部门管理职责如下所示。

（1）及时为新员工安排指引人或带导师，并由指引人或带导师向其讲解岗位职责与要求、详细的岗位考核细则。

（2）部门主管或相关负责人全程跟踪新员工在试用期的工作情况，查找不足并及时纠正，对明显不符合岗位要求的要及时反馈给人力资源部门。

（3）在试用期满或试用员工表现优秀时，向人力资源部报送转正材料，为新员工转正提供依据。

2. 人力资源部管理职责具体如下所示。

（1）解释、修订、监督执行本制度。

（2）部门主管或相关负责人全程跟踪新员工在试用期的工作情况，查找不足并及时纠正，对明显不符合岗位要求的要及时反馈给人力资源部门。

（3）在试用期满或试用员工表现优秀时，向人力资源部报送转正材料，为新员工转正提供依据。

第2章　试用期期限、工资及待遇管理

第3条　试用期限规定

劳动合同期限三个月以上不满一年的，试用期不得超过一个月；劳动合同期限一年以上不满三年的，试用期不得超过两个月；三年以上固定期限和无固定期限的劳动合同，试用期不得超过六个月。

第4条　试用期间工资

试用期间的工资根据双方事先之约定，按正式工资的____%支付，补贴另计。

第5条　试用期员工福利

1. 试用期间，新员工享有同正式员工同等的法定带薪休假待遇。

2. 试用期员工同正式员工中同级别员工的餐补和交通补助相同。

3. 试用期员工的过节补贴及福利按照职级确定，等同正式员工。

第3章　试用期培训与考核管理

第6条　入职培训

新员工的入职培训，按照公司《培训管理制度》中的相关规定实施。用人部门应配合人力资源部门，共同做好新员工的培训工作。

第7条　培训考核

人力资源部及新员工所在部门相关负责人应在新员工阶段性培训结束后对其进行阶段性评估，根据评估结果查找不足，并及时调整培训计划。

第8条　试用期满考核

试用期满，由部门相关负责人填写"试用期考核表"以及"试用员工转正意见表"，经部门经理、人力资源部经理审批，超出权限的应由分管副总或总经理进行审批，审批通过后，正式入职。

第4章　试用期限特殊情况说明

第9条　提前转正情况

新员工在试用期间工作表现突出、业绩显著的，可由用人部门向人力资源部提交"新员工提前转正申请"，通过者，可缩短试用期，提前转正。提前转正必须具备以下条件。

1. 试用期满1个月以上，且无任何负面记录。

2. 试用期间无迟到、早退、因私外出、事假三天以上（含三天）记录。

3. 工作积极主动，精神饱满，业绩显著。

第10条　延后转正情况

若在试用期届满考核后，新员工未达到工作岗位所需要求，由新员工提出申请，经公司同意，可延长试用期（包括在原岗位延长试用期及岗位调整）。

（1）在原岗位延长试用期1～3个月仍不能达到岗位要求的，必须停止试用。

（2）针对个人素质不错，认同公司文化，且其个人特长、擅长能力或相关资历符合公司空缺岗位的要求，用人部门或人力资源部均可与其面谈沟通，如本人愿意且新用人部门领导同意录用，可对其进行岗位调整。调岗后在1～3个月内不能达到新工作岗位要求的，必须停止试用。

第5章　试用期辞退与辞职

第11条　试用期辞职

员工在试用期内提前三日通知用人单位，可以解除劳动合同。

第12条　试用期辞退

当试用新员工被发现有以下事项后，公司应立即终止其试用期。

1. 被证明不符合录用条件的。

2. 严重违反公司规章制度的。

3. 无法胜任本岗工作要求，经过培训或调岗后仍不能胜任工作的。

第 6 章 附则

第 13 条 本制度由公司人力资源部负责制定。

第 14 条 本制度自发布之日起生效实施，并应根据实际工作情况每年修订一次。

员工试用期管理

复习与思考

1. 论述员工背景调查的项目及途径。
2. 对新员工进行试用期考核的原则有哪些？
3. 如何评估新员工的试用期的考核情况？
4. 试用期转正的形式有哪些？
5. 试用期辞退的情形有哪些？

知识链接

华为新员工入职培训计划

对新进员工的培训重视程度往往体现着企业对人才的重视程度，但大多数企业由于入职培训未做好，往往导致新员工离职率居高不下。下面是华为的新员工培训计划，供读者参考。

第 1 阶段，明确目的，让他知道来干什么。

第 2 阶段，知晓方法，让他知道如何能做好。

第 3 阶段，正确施压，让新员工接受挑战性任务，促进其成长。

第 4 阶段，表扬与鼓励，建立互信关系。

第 5 阶段，团队引导，让新员工更快地融入团队，主动完成任务。

第 6 阶段，适度放权，赋予新员工使命，找到其目标和方向。

第 7 阶段，评估与发展，总结当前成果与不足，为其制订发展计划。

第 8 阶段，全方位关注员工的成长。

技能实训

实训内容	编制一份员工试用期考核表		

结合下表制订一份员工试用期考核表。

试用期考核表

考核内容	考核指标	评分标准	得分
岗位技能			
学习能力			
工作态度			
团队意识			
得分汇总			

第 10 章 招聘评估与总结

【本章知识导图】

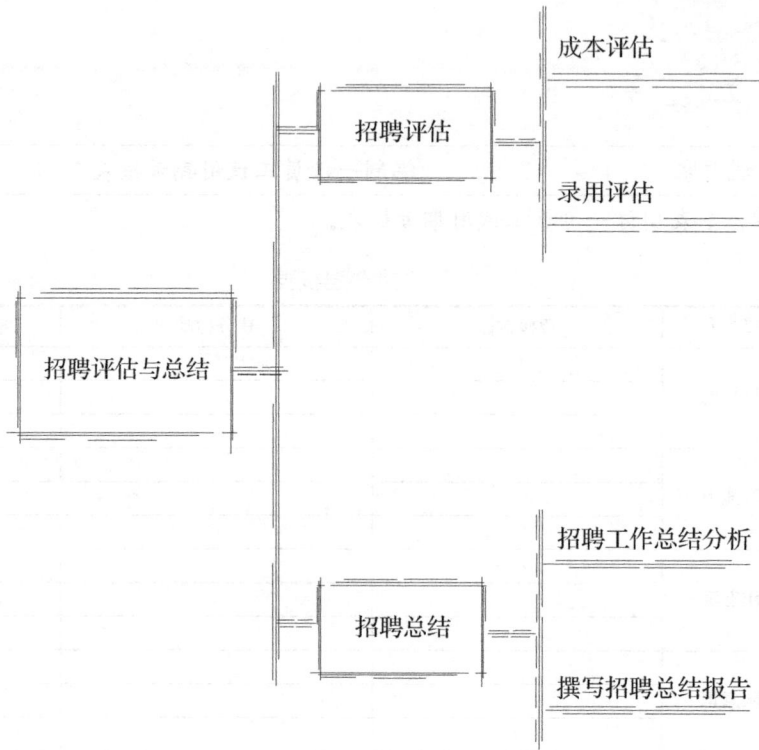

```
                                          ┌─── 成本评估
                          ┌── 招聘评估 ──┤
                          │               └─── 录用评估
招聘评估与总结 ──────────┤
                          │               ┌─── 招聘工作总结分析
                          └── 招聘总结 ──┤
                                          └─── 撰写招聘总结报告
```

【学习目标】

职业知识	• 了解招聘评估与总结的内容和作用，明晰招聘评估与总结的重要性
职业能力	• 掌握招聘评估与总结的程序、方法，并能撰写招聘评估、总结报告 • 掌握招聘评估的主要指标，能熟练运用各种统计分析方法来评价招聘的有效性
职业素质	具有良好的逻辑分析能力、文字表达能力和强烈的责任心

招聘甄选与录用各环节完成之后，并不代表各环节的工作已经完成，招聘小组还需要对各环节的工作项目、执行情况、方式和方法的有效性、所需成本等进行总结、分析、评估管理，为后续的工作提供执行参考。

10.1 招聘评估

10.1.1 成本评估

招聘费用是招聘效果的一个重要评价指标，招聘费用评估是指对招聘中的费用进行调查、核实，并对照预算进行评价，找出其中科学的部分和不合理的部分，并分析原因，以便以后制订更加合理的费用预算。

1. 招聘费用评估项目

招聘费用评估需要由单位的人力资源部主导，财务部门提供数据配合来完成。招聘费用评估主要是对招聘和录取新员工过程中的招聘、选拔、录用、安置以及适应性的成本等所进行的评估，如表 10-1 所示。

表 10-1　　　　　　　　　　招聘费用评估项目

评估项目	相关说明	相关评估指标
招聘成本	招聘整个活动中，企业为吸引应聘者而产生的成本，是随着招聘活动开始实施必然要发生的费用	直接劳务费、直接业务费、间接管理费、各类预付费用
选拔成本	在笔试、面试阶段对应聘者进行甄选、鉴别，以确定录用人选所发生的费用	选拔面谈的时间费用、汇总申请资料费用、考试费用、体检费等
录用成本	经过招聘选拔，把合适的人员录用到企业所发生的费用	录取手续费、调动补偿费、搬迁费、旅途补助费等
安置成本	安置被录用员工到具体的工作岗位所发生的费用	各种安置行政管理费用、必要的装备费、安置人员时间损失成本等
适应性成本	适应性成本是企业为新员工正式上岗前在企业文化、规章制度、基本技能等方面进行培训时所发生的费用	新员工培训期间机会成本、培训者培训期间机会成本、教育管理费、资料费、培训设备折旧费等

2. 招聘成本效用评估

招聘成本包括了招聘活动所发生的各项费用的总和，如果经过核算，招聘成本超出了招聘预算的合理范围，企业应进一步分析超出预算的具体原因，并采取相应对策，在以后的招聘活动中对成本进行严格控制，有效降低招聘的成本费用。

招聘成本效用评估是对招聘成本产生的效果进行的分析。招聘成本效用评估的常用指标及计算公式如表 10-2 所示。

表 10-2 招聘成本效用评估指标及计算公式

序号	指标	计算公式
1	总成本效用	$总成本效用 = \dfrac{录用人数}{招聘总成本}$
2	招聘成本效用	$招聘成本效用 = \dfrac{应聘人数}{招聘期间费用}$
3	选拔成本效用	$选拔成本效用 = \dfrac{被选中人数}{选拔期间费用}$
4	录用成本效用	$录用成本效用 = \dfrac{正式录用人数}{录用期间费用}$

3. 招聘成本收益分析

招聘成本收益分析是一项经济评价指标，同时也是对招聘工作的有效性进行考核的一项指标。招聘成本收益越高，则说明招聘工作越有效。衡量招聘成本收益的指标及计算公式如表 10-3 所示。

表 10-3 招聘成本收益评估指标及计算公式

序号	指标	计算公式
1	招聘收益成本比	$招聘收益成本比 = \dfrac{所有新员工为企业创造的总价值}{招聘总成本}$
2	招聘投资收益率	$招聘投资收益率 = \dfrac{员工招聘净收益}{员工招聘总成本} \times 100\%$

10.1.2 录用评估

录用评估就是根据企业招聘计划和招聘岗位的工作分析，对所录用人员的质量、数量和结构进行评价的过程。招聘工作结束后，对录用人员进行评估是一项十分重要的工作，只有在招聘成本较低，同时录用人员数量充足且质量较好时，才说明招聘工作的效率高。

判断招聘数量的一个简单的方法就是看职位空缺是否得到满足，雇用率是否真正符合招聘计划的设计。

招聘质量是按照企业的长、短期经营指标来分别确定的。在短期计划中，企业可根据求职人员的数量和实际雇用人数的比例来认定招聘质量；在长期计划中，企业可根据接受雇用应聘者的转换率来判断招聘的质量。由于存在很多影响转换率和工作绩效的因素，所以，对招聘工作质量的评估十分不易。

企业可以通过以下 3 个方面来评估招聘录用人员的数量和质量。

1. 录用人员数量评估

（1）应聘比。该比率说明员工招聘的挑选余地和信息发布状况。该比率越大，说明企业的招聘信息发布得越广、越有效，企业的挑选余地也越大，招聘信息发布效果越好，同时录用人员的素质可能越高；反之，该比率越小，说明企业的招聘信息发布得不适当或无效，企业的挑选余地也越小。

一般来说，应聘者比率应该在 200%以上。招聘越重要的岗位，该比率应该越大，这样才能保证录用者的质量。

（2）某职位的选择率。这是衡量企业对人员选择的严格程度和人员报名的踊跃程度的一个指标。

某个职位聘用的人数与所有报名应聘这一职位的人数之比称为选择率。如果选择率为100%，表明每个职位只有一位申请人。出现这种情况则很难有一个有效的选择过程，在这情形下，本来可能被拒绝的人被录用了。选择率低于 100%的数值越大，管理者在选择决策中的可行方案就越多。

（3）录用比。该比率反映录用人员的挑选余地。一般该比率越小，表明对企业来说可供选择的人员越多，实际录用者的素质就越高，但同时也加大了企业的招聘成本；反之，则可能实际录用者的素质越低。录用比的计算公式如下：

录用比=（录用人数/应聘人数）×100%

（4）招聘完成比。该比率说明新员工招聘计划的完成情况。如果招聘完成比等于或大于100%，则说明在数量上全面或超额完成招聘计划。比率越小，说明招聘员工的数量不足。招聘完成比的计算公式如下：

招聘完成比=（录用人数/计划招聘人数）×100%

2. 录用人员质量评估

除了运用录用比和应聘比这两个数据来反映录用人员的质量外，也可以根据招聘的要求或工作分析的要求对录用人员进行等级排列来确定其质量。

员工录用质量分数是以应聘岗位的工作分析文件为基准所设置的分数等级，以此来考查员工的录用质量。也可以在一段时间后对人员使用部门进行调查，确定录用人员的质量。

3. 用人部门满意度

用人部门满意度主要从招聘分析的有效性、信息反馈的及时性、提供人员的适岗程度等方面进行综合评估。

【微课堂】

请根据下表中的数据，回答以下两个问题。

结果 \ 方式	招聘会	内部推荐	媒体招聘	网络招聘
应聘人数（人）	250	50	500	300
实际录用人数（人）	100	30	50	60
总成本（元）	6 000	1 500	20 000	3 800

问题：

1. 请计算各种招聘渠道的招聘录用比和实际录用人员的单位成本。
2. 通过以上计算，对此次招聘评估可以得出什么结论？

10.2 招聘总结

10.2.1 招聘工作总结分析

招聘工作结束后，招聘人员应对整个招聘工作进行总结分析。主要包括招聘渠道分析、简历收取分析、广告效果分析、人员到岗分析、人员离职分析和招聘质量分析等，具体内容如表10-4所示。

表 10-4 招聘工作总结分析

分析类型	说明
招聘渠道分析	招聘渠道的选择决定了应聘者的来源、数量、质量和范围等内容，招聘工作的效果很大程度上取决于招聘渠道的选择
简历收取分析	企业收取简历时应坚持"方便应聘者投递、方便企业阅览"的原则。简历收取的分析内容包括简历来源渠道分析、收取时段分析、收取数量分析、收取质量分析等
广告效果分析	招聘广告效果分析的内容主要包括招聘广告适用性分析、招聘广告影响力范围分析、招聘广告有效性分析。招聘广告质量的好坏直接关系到招聘工作的质量和效果
人员到岗分析	人员到岗分析是企业对录用人员到岗情况进行的分析，主要包括各类岗位录用人员到岗比率分析、各类岗位录用人员到岗时间分析、各类岗位录用人员到岗成本分析、各类岗位录用人员到岗后离职情况分析等
人员离职分析	人员离职是企业产生招聘需求的直接原因之一。人员离职分析包括离职成本分析、离职原因分析、离职人员分布分析等

分析类型	说明
招聘质量分析	招聘质量关系到招聘工作的成败和后续招聘活动的开展，招聘质量具体包括招聘成本、人岗匹配度、人员稳定性等内容

10.2.2　撰写招聘总结报告

招聘工作结束后，招聘人员应对整个招聘工作进行总结分析。一般是以撰写评估报告的形式完成。评估报告的主要内容包括以下 5 个方面。

1. 招聘计划的完成情况

总结招聘计划的完成情况，并与招聘计划进行对比。

2. 整个招聘工作进程的情况

将招聘的流程和安排以及取得的成果进行汇总。

3. 招聘成本核算

对招聘成本进行详细的核算、分摊并评估。

4. 招聘方式有效性分析

计算不同招聘方式下的招聘结果和招聘成本，从而考查不同招聘方式的招聘效果。

在企业招聘的实际过程中，由于企业的行业、招聘岗位、招聘地区和招聘对象的不同，因此在评价不同招聘渠道的区别时，应分开考虑这些变量。例如，某企业因项目发展迅速，长期招聘项目负责人，他们发现猎头招聘方式比较令人满意，而其他招聘方式则存在很多信息不对称现象。

5. 招聘工作的经验总结

总结招聘的得与失，积累招聘经验。

【微课堂】

1. 一般会从哪几方面对招聘工作进行总结？
2. 招聘总结报告大体包括哪几部分的内容？

复习与思考

1. 招聘成本评估都有哪些内容？
2. 录用评估的内容是什么？
3. 招聘工作总结分析都包含什么内容？

知识链接

招聘过程管理指标

在对招聘工作进行评估时，除了需关注招聘结果外，还需关注招聘过程。大体可从以下几个方面来对招聘过程进行评估。

简历初选通过率=招聘人员初选合格简历数/收到简历数×100%

有效简历率=部门选择合格通知面试的人数/招聘人员初选简历数×100%

初试通过率=初试通过人数/面试总人数×100%

复试通过率=复试通过人数/初试通过人数×100%

技能实训

实训内容	招聘效果评估	

某企业由于发展的需要，打算年底招聘20名员工。招聘过程中，应聘者一共有80人，进入最终面试的有25人，企业最终录用19人。请利用以上数据，结合下表，对招聘效果做出评估。

招聘效果评估

指标	数值	评价
招聘完成比		
应聘比		
录用比		

招聘总结：